财务报表真账实操全图解

张 颖◎编著

THE ILLUSTRATION OF
FINANCIAL REPORTING
OPERATION

中国铁道出版社有限公司
CHINA RAILWAY PUBLISHING HOUSE CO., LTD.

U0649965

图书在版编目(CIP)数据

财务报表真账实操全图解/张颖编著．—北京:中国铁道出版社，
2018.1(2019.12重印)
ISBN 978-7-113-23349-5

Ⅰ.①财… Ⅱ.①张… Ⅲ.①会计报表-编制-图解 Ⅳ.①F231.5-64

中国版本图书馆 CIP 数据核字(2017)第 162548 号

| 书　　名： | 财务报表真账实操全图解 |
| 作　　者： | 张　颖 编著 |

责任编辑：王淑艳	编辑部电话：010-51873457	邮箱：wangsy20008@126.com
封面设计：王　岩		
责任校对：王　杰		
责任印制：赵星辰		

出版发行：中国铁道出版社有限公司（100054，北京市西城区右安门西街 8 号）
网　　址：http://www.tdpress.com
印　　刷：三河市宏盛印务有限公司
版　　次：2018 年 1 月第 1 版　2019 年 12 月第 3 次印刷
开　　本：710 mm×1 000 mm　1/16　印张：15.25　字数：243 千
书　　号：ISBN 978-7-113-23349-5
定　　价：49.80 元

前言
PREFACE

　　会计学是一门枯燥的学科，借贷关系、会计分录、会计科目、平衡等式等，往往令初学者畏惧。本套丛书分别介绍会计、出纳、财务报表、成本核算、税法理念及真账实操。突破目前市场上将会计基础知识与实训单独编写的办法，将实训分解到每章，根据每章内容编写案例配以实物单据、记账凭证等。

→ 编写立意

　　◆所用票据或单证采用全仿真形式；

　　◆按照业务的内容填制记账凭证，录入数据；

　　◆会计基础知识与实际操作并行讲解，更利于读者操作技能的培养，达到实战演练的目的。

→ 编写特色

　　◆流程清晰。详细讲解会计的日常工作内容，会计、出纳、财务报表、成本核算、税法、财务管理等，使读者对会计工作有明确的理解与把握。

　　◆实操性强。汇集资深会计的业务技巧，结合实例仿真操作，足能应付日常会计工作。

　　◆图文并茂。本书避免大量码字的弊端，采用图、表简化会计理念及业务流程，达到一目了然的目的。

◆简单实用。会计工作离不开记账、审核、结账，月底再编制若干张会计报表，月初申报纳税这些日常事务。读者只要搞定最基本的业务，懂得万变不离其宗的道理，会计工作也就容易做了。

→ 编写区别

◆与会计纯实训类图书的区别

目前，会计实训类图书的一般编写方法是提供一套全流程的业务单据，直接做账，缺少会计依据。读者买了这类书，还须再买会计基础知识的书，才能看懂操作流程。

◆与会计基础类图书的区别

以往的会计基础类图书以文字介绍为主，缺少实务操作。本书既有基础知识的详解，又有实物列示。

总之，万变不离其宗，依据根本就是《企业会计准则》。本套图书的作者是工作在财务战线的业务骨干，具有深厚的理论基础和丰富的实践经验。但由于时间有限，编书过程中难免存在着一些不足和遗憾，希望广大读者多提宝贵意见。

为了更直观地再现会计实务操作，本书由秀财网提供相关财税视频，扫描二维码可免费学习。

编 者

目 录

CONTENTS

第 1 章　初识财务报告

第 2 章　资产负债表

第 *3* 章　利润表

第 *4* 章　现金流量表

第 *5* 章　所有者权益变动表编制

第 6 章　编制会计报表附注

第 7 章　合并财务报表

第 *8* 章　电算化报表

第 *9* 章　资产负债表日后事项

第 *10* 章　财务分析

第 *11* 章　资产负债表分析

第 *12* 章　利润表分析

第 *13* 章　现金流量表分析

第 14 章 所有者权益变动表分析

第 15 章 会计报表综合分析

CHAPTER ONE

第 **1** 章

初识财务报告

　　财务报告是企业对外提供的反映企业某一特定日期的财务状况和某一会计期间的经营成果、现金流量等会计信息的文件。财务报告包括财务报表和其他应当在财务报告中披露的相关信息和资料。

　　根据《关于修订印发 2019 年度一般企业财务报表格式的通知》（财会〔2019〕6 号）的规定，对一般企业财务报表格式进行了修订。修订分为两种：一种是适用于未执行新金融准则、新收入准则和新租赁准则的企业，另外一种适用于已执行新金融准则、新收入准则和新租赁准则的企业。本书选择未执行新金融准则、新收入准则和新租赁准则的企业财务报表格式。

1.1 什么是财务报告

财务报告的目标，是向财务报告使用者提供与企业财务状况、经营成果和现金流量等有关的会计信息，反映企业管理层受托责任履行情况，有助于财务报告使用者做出经济决策。

财务报告使用者通常包括投资者、债权人、政府及其有关部门和社会公众等。见表 1-1。

表 1-1　　　　　　　　　　　财务分析信息的需求者

报表使用者	关 注 点
投资者	关心其资本的保值和增值状况，因此较为重视企业获利能力指标，主要进行企业盈利能力分析。
债权人	首先关注的是其投资的安全性，因此主要进行企业偿债能力分析，同时也关注企业盈利能力分析。
经营决策者	关注企业经营理财的各方面，包括偿债能力、运营能力、获利能力、发展能力，主要进行各方面综合分析，并关注企业财务风险和经营风险。
政府	兼具多重身份，既是宏观经济管理者，又是国有企业的所有者和重要的市场参与者，因此政府对企业财务分析的关注点因所具身份不同而异。

1.2 什么是财务报表

财务报表由报表本身及其附注两部分构成。一套完整的财务报表至少应当包括"四表一注"，即资产负债表、利润表、现金流量表、所有者权益（或股东权益）变动表及附注。

财务报表是企业会计部门在日常会计核算的基础上，利用统一的货币计量单位，按照会计报表统一规定的格式、内容和编制方法定期编制的，能够综合反映企业财务状况和经营成果、现金流量状况的书面文件。

企业的财务报表是对其财务状况、经营成果和现金流量的高度概括总结。财务报表基本体系，如图1-1所示。

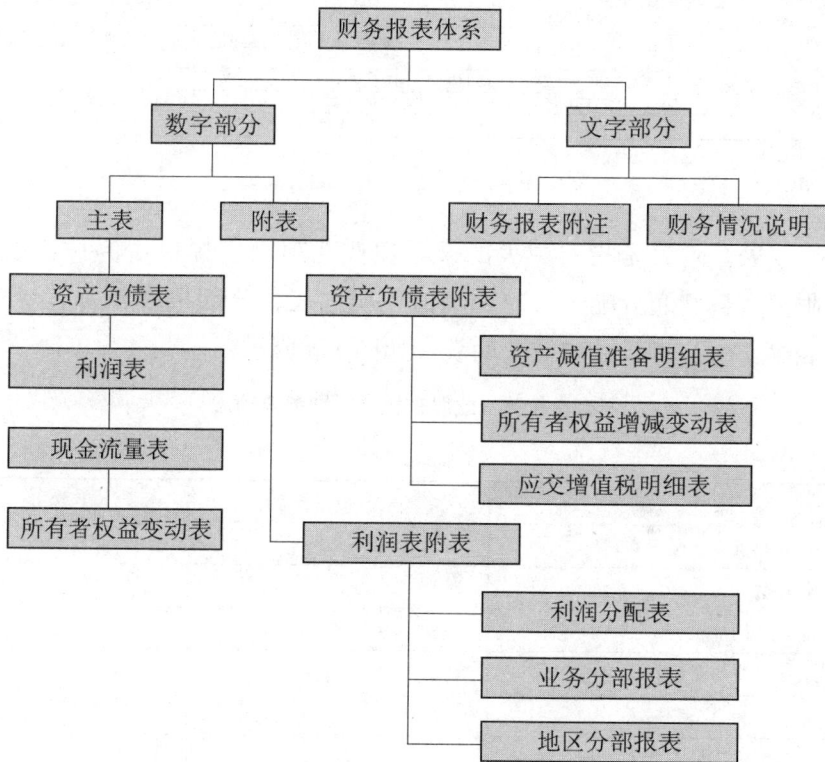

图 1-1 企业财务报表体系

1. 数字部分——财务报表

财务报表是财务会计报告体系的核心，一套完整的财务会计报表由下列内容组成。

（1）主表。现行制度规定，企业财务报表的主表有资产负债表、利润表、现金流量表和所有者权益变动表。其中需要对外报送的主表有资产负债表、利润表、现金流量表和所有者权益变动表。资产负债表（部分）如图1-2所示。

	A	B	C	D	E	F	G	H
1	资产负债表							
2	单位名称：慈灵制造有限公司			2017 年1月31 日				会工01表
3								单位：元
4	资 产	行次	期末数	年初数	负债及所有者权益	行次	期末数	年初数
5	流动资产：	1			流动负债：	54		
6	货币资金	2	3 828 718.64	6 354 556.47	短期借款	55		
7	交易性金融资产	3			交易性金融负债	56		
8	应收票据	4			应付票据	57		
9	应收账款	5	14 236 866.60	13 425 677.56	应付账款	58	27 922 798.75	20 532 833.34
10	预付账款	6	30 000.00	30 000.00	预收账款	59	42 154 373.72	39 543.31
11	应收股利	7			应付职工薪酬	60	179 855.94	329 934.94
12	应收利息	8			其中：应付工资	61	47 307.94	47 307.94
13	其他应收款	9	12 185 521.28	332 119.65	应付福利费	62		
14	存货	10	2 367 146.59	20 753 496.64	应交税费	63	1 054 547.02	1 671 993.01
15	其中：原材料	11	2 362 319.74	20 748 669.79	其中：增值税	64	1 028 679.63	1 442 549.38

图 1-2 资产负债表（部分）

（2）附表。附表是指对主表的某一项或几项内容提供更为详细的报表。常见的附表有：利润分配表、应交增值税明细表、分部报表和所有者权益增减变动表等。所有者权益增减变动表，如图 1-3 所示。

所有者权益（或股东权益）增减变动表

单位名称：　　　　　　　　　　　　　　　　　　　　单位：元

项　　　目	行次	本年数	上年数
一、实收资本（或股本）			
年初数	1		
本年度增加数	2		
其中：资本公积转入	3		
盈余公积转入	4		
利润分配转入	5		
新增资本（或股本）	6		
本年减少数	7		
年末余额	8		
二、资本公积	9		
年初余额	10		
本年增加数	11		

图 1-3 所有者权益变动表（部分）

2. 文字部分——文字报告

财务报表中的财务报表内容具有一定的固定性和规定性，因此使其所提供的会计信息量受到限制。为了满足会计信息使用者决策的要求，企业除了编制主表及其相关附表外，还要编制文字报告内容，即财务报表的附注和财务情况说明书，以便充分披露企业的会计信息。

（1）财务报表附注。财务报表附注是企业财务会计报告的重要组成部分，其作用是对财务报表数字不能包含或不能披露的内容做进一步的解释和说明。财务报表附注通常随年度财务报表一起编制，至少应当包括以下内容，如图1-4所示。

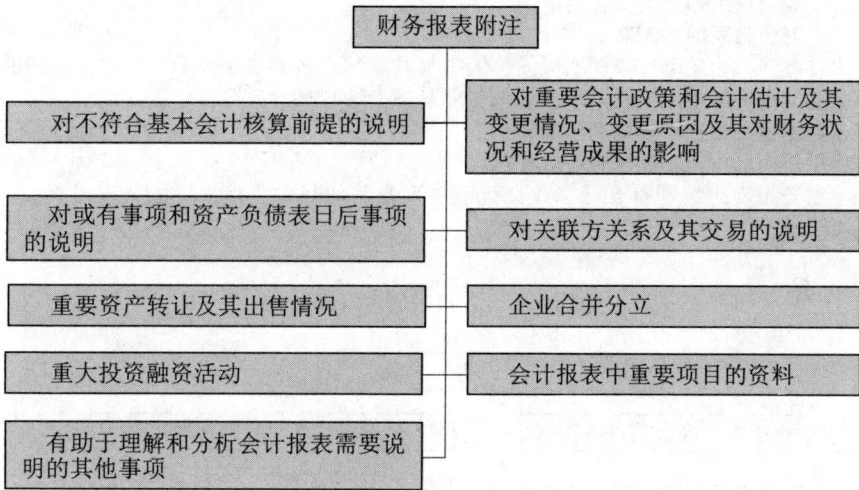

图1-4　财务报表附注主要内容

企业的经营管理者在阅读和分析财务报表之前，仔细阅读财务报表附注，有助于加深对报表数字的形式及数字背后的因素的理解；有助于理解各企业的会计政策及其区别，加强各企业财务报表资料的可比性；有助于客观地评价不同企业的资金状况和经营成果，对其业绩做出科学的评价。会计报表附注（部分）如图1-5所示。

（2）财务情况说明书。财务情况说明书是对财务报表总体内容所做的文字说明，也是对本企业财务状况、经营成果和现金流量的分析评价。

财务情况说明书的内容一般应包括以下几个方面，如图1-6所示。

阅读财务报表和财务报表附注后，应仔细阅读财务情况说明书，它可以更好地理解企业的经营情况，有助于客观地评价企业经营管理者的业绩。财务情况说明书（部分）如图1-7所示。

慈灵制造有限公司
2016 年度财务会计报表附注

一、企业集团的基本情况

慈灵制造有限公司系经广州市白云区工商行政管理局批准，于 2001 年 7 月 1 日，取得 2343657 号企业法人营业执照，注册资本 5 000 万元。单位办公地址：广州市白云区白云路 342 号，法定代表人李漫芳，财务负责人姜旭，企业期末职工人数 234 人。

单位主营：电子设备。

单位下设程立制造有限公司等 2 个决算单位。

本会计报表，为本单位和上述所属单位的合并（汇总）报表，全面反映本单位的财务状况、经营成果和资金变动情况。

二、财务报表的编制基础

以持续经营为基础，根据实际发生的交易和事项，按照《企业会计制度》及其他合计相关会计准则的规定进行确认和计量在此基础上编制本财务报表。

三、遵循企业会计准则的声明

本单位尚未执行新的《企业会计准则》。

本财务报表的编制符合《企业会计制度》及其他相关会计准则的要求，真实、完整。

图 1-5　会计报表附注（部分）

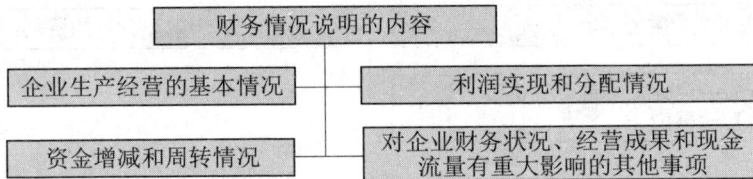

图 1-6　财务情况说明书的主要内容

财务情况说明书

一、企业生产经营的基本情况

（一）企业主营业务范围：

营业执照上描述的电子设备

公司设有董事会、监事会；公司下属 2 家控股子公司，分公司 2 家，所处行业为电子行业。

纳入合并范围子公司的基本情况

企业名称	注册资本	投资额	持股比例	注册地址	法定代表人	与母公司关系

（二）本年度生产经营情况。

图 1-7　财务情况说明书（部分）

1.3　财务报表数字背后的秘密

财务报表的使用者很多，除企业管理者外，还有企业现在和潜在的投资者、债权人、相关管理部门以及企业员工等。与其他资料相比，会计报表所提供的资料具有更集中、更系统、更具条理性等特点，会计报表所提供的财务信息主要表现在以下几个方面。

1. 企业财务状况的资料

企业财务状况的好坏，受诸方面因素的影响。如企业控制的经济资源产生现金和现金等价物的能力、资金结构的合理程度、资金流动性、偿债能力以及企业适应其所处环境变化的能力等。通过企业财务状况的资料，可以衡量企业的综合实力。

2. 企业经营业绩尤其是获利能力的资料

企业经营业绩特别是获利能力，是评价企业对所控制的经济资源的利用程度，并预计未来可能产生的现金流量的重要资料，也是判断企业可能控制的经济资源的潜在能力和新增资源利用程度的能力的资料。

3. 企业财务状况变动的资料

通过反映企业财务状况变动的资料，可以了解企业在某一期间内的投资和理财活动的全貌，了解企业取得现金和现金等价物的方式以及现金流出的合理性等财务信息。

不过，很多人看到财务报表就头痛，面对成堆的数字不知从何入手，更看不出里面反映出来的重要的企业信息。

其实，一张财务报表可以体现出很多信息，见表1-2。

表 1-2　　　　　　　　　　　财务报表体现的信息

指　标	含　义	报　表
企业的偿债能力	是指企业偿还本身所欠债务的能力	资产负债表
企业的营运能力	指资产运用、循环的效率高低。营运能力指标是通过投入与产出（主要指收入）之间的关系反映	利润表
企业的盈利能力	主要通过收入与利润之间的关系、资产与利润之间的关系反映。反映企业盈利能力的指标主要有销售毛利率、销售净利率、资产净利率和净资产收益率	现金流量表

指　　标	含　　义	报　　表
企业的发展能力	发展能力分析的指标主要有：销售收入增长率、总资产增长率、营业利润增长率、资本保值增值率	所有者(股东)权益变动表

1.4　财务报表编制前的准备

企业编制财务会计报告，应根据真实的交易、事项以及登记完整、核对无误的会计账簿记录和其他有关资料，按照国家统一的会计制度规定的编制基础、编制依据、编制原则和方法，做到内容完整、数字真实、计算准确、编报及时。

1.4.1　编制财务报表的基本原则

1. 数字真实准确

会计报表必须根据登记完整、核对无误的账簿记录和其他核算资料，按一定的指标体系加工、整理、编制而成的，各项指标和数据必须计算准确、真实可靠，做到表从账出，账表相符，切忌匡算估计，弄虚作假。

2. 内容完整

对外会计报表必须按照规定格式编报，填列齐全、完整。不论主表、附表或补充资料，都不得漏填、漏报，更不能任意改变报送的内容。如报表规定项目内容容纳不下，可以利用附表、附注以及其他形式加以说明。

会计报表之间、会计报表各项目之间，凡是有对应关系的数字，应当相互一致，会计报表中本期与上期的有关数字，应当相互衔接。

3. 编制及时

会计报表时效性强，应在保证质量的前提下，在规定期限内编制完毕并如期报送，以满足报表使用者对会计报表资料的需要，及时了解单位报告期内财务状况和经营成果，采取措施，做出决策。

4. 前后一致

编制财务报表前后期应当遵循一致性原则，不能随意变更。如确需改变应将改变原因及改变后对报表指标的影响，在报表附注中详细说明，便于报表使用者正确理解与利用财务信息。

5. 报送及时

及时性是信息的重要特征，财务报表信息只有及时地传递给信息使用者，才能为使用者的决策提供依据。否则，即使是真实可靠和内容完整的财务报告，由于编制和报送不及时，对报告使用者来说，就大大降低了会计信息的使用价值。

6. 手续完备

企业对外提供的财务报表应加具封面、装订成册、加盖公章。财务报表封面上应当注明：企业名称、企业统一社会信用代码、地址、报表所属年度或者月份、报出日期，并由企业负责人和主管会计工作的负责人、会计机构负责人（会计主管人员）签名并盖章；设置总会计师的企业，还应当由总会计师签名并盖章。如图 1-8 所示。

会 计 报 表	
2017 年 1 月份（季）	
名　　称：慈灵制造有限公司　地址：广州白云区白云路 342 号　电话：020-89732567	
统一社会信用代码：7425896520H	
填报日期2017 年 2 月 5 日	
法定代表人（或负责人）　　李漫芳　财务主管人员　　姜 旭	
制 表 人　　陈 衡	

图 1-8　会计报表封面

1.4.2　财务报表编制基本要求

在编制财务报表之前，企业必须保证账证相符、账账相符、账实相符，并编制总账科目余额表，对企业的当期业务进行试算平衡，然后编制财务报表，保证财务报表的真实、准确性。

1. 合理确认本期的收入和费用

按照收入准则，检查是否有收入提前确认或延后确认的情况，重点检查预收账款销售方式、分期收款销售方式等特殊的销售行为，保证真实确认本期实现的收入。同时，企业应准确确认本会计期间应负担的成本费用，应摊销的待摊费用做到及时摊销、应预提的借款利息及时计入当期费用，保证本期的会计事项不延至以后各期。

2. 清查核实财产物资

企业在编制会计报表前，尤其在编制年度会计报表前，应当做好各项财产物资的清查盘点工作，做到账实相符。企业的现金日记账余额与库存现金数额是否相符；银行存款日记账余额与银行对账单余额是否相符；原材料、在产品、库存商品等各项存货的实存数量与账面数量是否一致，是否有报废损失和积压物资的情况；房屋建筑物、机器设备等固定资产的实存数量与账存数量是否一致。

企业对各项财产进行清查盘点后，及时处理各项财产的盘盈、盘亏及毁损情况，并按规定报批处理，及时调整账面记录，转销"待处理财产损溢"科目的余额。

3. 清理核对往来账目

企业对于和其他单位的往来款项，在结账前也要清理核对，发现问题及时更正处理。往来款项的核对可采用发函证的方法核对，对于核对不符的款项及时上报解决。对于长期挂账、无法收回的应收账款，符合坏账损失核销条件的，及时报批处理。

4. 结转并分配企业损益

企业编制年度会计报表前，必须将所有损益类科目转入本年利润，并将本年利润的余额转入利润分配项目。同时，将企业利润分配各明细账的本期分配利润数转入"利润分配——未分配利润"明细账户。

企业在年终结账前，所有的损益类账户应当没有余额，本年利润科目没有余额，除"利润分配——未分配利润"外，其他利润分配明细均没有余额。

CHAPTER
TWO

第 *2* 章
资产负债表

  资产负债表是反映企业在某一特定时期的财务状况的报表。利用会计平衡原则，将合乎会计原则的资产、负债、所有者权益（股东权益）科目分为"资产"和"负债及所有者权益（股东权益）"两部分，以特定日期的静态企业财务情况为基准，浓缩成一张报表。

2.1 资产负债表的基本结构与格式

1. 资产负债表的基本结构

资产负债表的基本结构是"资产＝负债＋所有者权益（股东权益）"。不论公司处于怎样的状态，这个会计平衡式是恒等的。左边反映的是公司所拥有的资源，右边反映的是公司不同权利人对这些资源的要求。

当资产负债表列有上期期末数时，称为"比较资产负债表"，它通过前后期资产负债的比较，可以反映企业财务变动状况。

根据股权有密切联系的几个独立企业的资产负债表汇总编制的资产负债表，称为"合并资产负债表"。它可以综合反映本企业以及与其股权上有联系的企业的全部财务状况。

综上所述，资产负债表主要反映三个方面的内容，见表 2-1。

表 2-1 资产负债表项目

项　　目		内　　容
资产	流动资产	包括货币资金、交易性金融资产、应收票据、应收账款、预付款项、应收利息、应收股利、其他应收款、存货和一年内到期的非流动资产等
	非流动资产	包括长期股权投资、固定资产、在建工程、工程物资、固定资产清理、无形资产、开发支出、长期待摊费用以及其他非流动资产等
负债	流动负债	包括短期借款、应付票据、应付账款、预收款项、应付职工薪酬、应交税费、应付利息、应付股利、其他应付款、一年内到期的非流动负债等。

项　目		内　容
负债	非流动负债	非流动负债是流动负债以外的负债，包括长期借款、应付债券和其他非流动负债等
所有者权益		一般按照实收资本、资本公积、其他综合收益、盈余公积和未分配利润分项列示

通过资产负债表，可以反映企业在某一特定日期所拥有或控制的经济资源、所承担的现时义务和所有者对净资产的要求权，帮助财务报表使用者全面了解企业的财务状况、分析企业的偿债能力等情况，从而为其做出经济决策提供依据。

2. 资产负债表样式

资产负债表正表的样式，目前在国际上较为流行的有两种，一是账户式表格，二是报告式表格。不管采取什么格式，资产各项目的合计等于负债和所有者权益各项目的合计这一等式不变。

（1）账户式资产负债表。

资产负债表主要是围绕它的三大要素进行披露信息的，即此时此刻有多少资产，此时此刻有多少负债，此时此刻拥有多少所有者权益。如果把这三个数字及其内容分左右排列，左边列示企业拥有的资产，右边列示企业的负债及所有者（股东）权益，很像账户，所以人们称其为账户式的资产负债表。按照会计法的规定，我国资产负债表以这种格式为参考样式。账户式资产负债表样式，见表 2-2。

表 2-2　　　　　　　　　　　账户式资产负债表　　　　　　　　　单位：元

资　产	行次	金额	负债及所有者（股东）权益	行次	金额
流动资产			流动负债		
长期资产			长期负债		
固定资产			负债总计		
无形资产			实收资本		
递延税项			资本公积		
其他资产			盈余公积		

资　产	行次	金额	负债及所有者（股东）权益	行次	金额
			未分配利润		
			股东权益合计		
资产总计			负债及股东权益合计		

（2）报告式资产负债表。

报告式资产负债表为垂直式，把资产、负债和所有者权益各项目自上而下排列，即首先列示企业的所有资产，其次列示企业的所有负债，然后列示企业的所有者权益（股东权益）。由于上下排列类似于领导的报告，所以称为报告式的资产负债表。

现在手工编制报表的比较少，一般都是用计算机打印报表，使用的纸型一般都是 A4 纸型，如果用账户式的资产负债表，不仅字小，而且很难看。但使用报告式的表格，不仅字比较清晰，而且格式也比较美观。报告式资产负债表样式，见表 2-3。

表 2-3　　　　　　　　　　　　资产负债表

编制单位：　　　　　　　　年　月　日　　　　　　　　单位：元

资　　产	期末余额	年初余额	负债和所有者权益（或股东权益）	期末余额	年初余额
流动资产：			流动负债：		
货币资金			短期借款		
以公允价值计量且其变动计入当期损益的金融资产			以公允价值计量且其变动计入当期损益的金融负债		
应收票据			应付票据		
应收账款			应付账款		
预付款项			预收款项		
其他应收款			应付职工薪酬		
存货			应交税费		
持有待售资产			其他应付款		
一年内到期的非流动资产			持有待售负债		

资　　产	期末余额	年初余额	负债和所有者权益 （或股东权益）	期末余额	年初余额
其他流动资产			一年内到期的非流动 负债		
流动资产合计			其他流动负债		
非流动资产：			流动负债合计		
可供出售金融资产			非流动负债：		
持有至到期投资			长期借款		
长期应收款			应付债券		
长期股权投资			长期应付款		
投资性房地产			预计负债		
固定资产			递延收益		
在建工程			递延所得税负债		
生产性生物资产			其他非流动负债		
油气资产			非流动负债合计		
无形资产			负债合计		
开发支出			所有者权益（或股东 权益）：		
商誉			实收资本（或股本）		
长期待摊费用			其他权益工具		
递延所得税资产			其中：优先股		
其他非流动资产			永续债		
非流动资产合计			资本公积		
盈余公积			减：库存股		
未分配利润			其他综合收益		
			所有者权益 （或股东权益）合计		
资产总计			负债和所有者权益 （或股东权益）总计		

2.2 资产负债表的编制方法

账户式资产负债表是根据账户的格式设置的，一般由表首、正表、补充材料三部分组成。

1. 表首

资产负债表的表首一般标示报表的名称、编制单位、编报日期、编号和货币单位。

2. 正表

资产负债表的正表分为左右两部分，左方列示资产、右方列示负债和所有者权益（股东权益）。按照会计等式，资产总计等于负债和所有者权益（股东权益）合计。通过账户式资产负债表，反映资产、负债和所有者权益之间的内在联系，并达到左右两方的平衡。同时资产负债表还提供期初和期末的比较资料，事实上，是一种比较资产负债表，见表2-4。

表 2-4　　　　　　　　　　　　　　资产负债表正表排列方法

板块	排序方式	项目	具体说明
资产负债表的左方	按照资产的变现能力来排序	流动资产	按照其变现能力依次排列为：货币资金、交易性金融资产、应收票据、应收账款、其他应收款、预付账款、存货、一年内到期的长期债权投资、其他流动资产
		长期投资	包括长期债权投资和长期股权投资
		固定资产	固定资产、在建工程
		无形资产和其他资产	包括无形资产、长期待摊费用和其他长期资产
		递延税项	指递延税款的借项
资产负债表的右方	按照负债后的股东权益排序	负债	按照其偿还期限的长短来排列，其序列依次为： ①流动负债，其排列次序为：短期借款、应付票据、应付账款、预收账款、应付职工薪酬、其他应付款、预计负债、一年内到期的长期负债和其他流动负债； ②长期负债，排列次序为：长期借款、应付债券、长期应付款、预计负债和其他长期负债

板块	排序方式	项目	具体说明
资产负债表的右方	按照负债后的股东权益排序	股东权益	是按照其可辨认程度来排列的，其序列依次为：股本、其他权益工具、资本公积、盈余公积、未分配利润

资产负债表的各项目均需填列"年初余额"和"期末余额"两栏。

资产负债表"年初余额"栏内各项数字，应根据上年年末资产负债表的"期末余额"栏内所列数字填列。如果上年度资产负债表规定的各个项目的名称和内容与本年度不一致，应对上年年末资产负债表各项目的名称和数字按照本年度的规定进行调整，填入本表"年初余额"栏内。

3. 补充材料

这部分是补充说明，提供企业和有关部门需要了解的指标和详细内容，如已贴现的商业承兑汇票、融资租入固定资产原值等。按这种方法排列的资产负债表，既可以清晰地反映企业资产的构成和来源，又可以充分反映其转化为现金的能力，以及企业的偿债能力和财务弹性，并明确划分不同投资者的权益界限，适应不同报表使用者对各种信息的需求。

2.3 资产负债表的编制要求及方法

1. 资产负债表的编制要求

在编制资产负债表时，应满足以下基本要求：

（1）企业应按期编制资产负债表。

资产负债表日一般分为公历月末、季末和年末，但在年度终了时必须编制。

（2）报表和企业的名称应在资产负债表的表首得到体现。

资产负债表的表首应列明报表和企业的名称，列示编制该表的编制日期、货币单位和报表标号，这些分别体现了会计主体假设、持续经营和会计分期假设以及以货币为基本计量单位假设。

（3）资产负债表各项目金额应以元为单位。

金额均以元为单位，元以下填至分；采用外币作为记账本位币的企业，应当将以外币反映的资产负债表折算为报告货币反映的资产负债表；特别目的报表可取元、百元或千元等为整数单位。

（4）企业资产负债表应该条目清晰，井然有序。

企业编制资产负债表应采用适当的分类方法及排列顺序。

（5）资产负债表中资产项目金额合计应等于负债与所有者权益项目金额之和。

所有在资产负债表上表述的项目都要分别计入有关的合计，并全部计入总计。此外，计价账户应直接与其调整的项目相联系；分类不可重叠，不同项目不能混合在一起或相互抵销，各项资产和负债的金额一般也不应相互抵销。

2. 资产负债表数据来源

我国企业资产负债表各项目数据的来源，主要通过以下几种方式取得，见表 2-5。

表 2-5   资产负债表数据来源

数据来源	具体说明
根据总账科目余额直接填列	如"应收票据"项目，根据"应收票据"总账科目的期末余额直接填列；"短期借款"项目，根据"短期借款"总账科目的期末余额直接填列
根据总账科目余额计算填列	如"货币资金"项目，根据"库存现金""银行存款""其他货币资金"科目的期末余额合计数计算填列
根据明细科目余额计算填列	如"应付账款"项目，根据"应付账款""预付账款"科目所属相关明细科目的期末贷方余额计算填列
根据总账科目和明细科目余额分析计算填列	如"长期借款"项目，根据"长期借款"总账科目期末余额，扣除"长期借款"科目所属明细科目中反映的、将于一年内到期的长期借款部分，分析计算填列
根据科目余额减去其备抵项目后的净额填列	如"投资性房地产"项目，根据"投资性房地产"科目的期末余额，减去"投资性房地产累计折旧"、"投资性房地产减值准备"等科目余额后的净额填列；又如，"无形资产"项目，根据"无形资产"科目的期末余额，减去"累计摊销""无形资产减值准备"备抵科目余额后的净额填列

3. 资产负债表的编制方法

为便于各项指标的期末数与期初数比较，资产负债表设有"年初余额"和"期末余额"两个金额栏，相当于比较两个年度的资产负债表。

（1）年初余额。

资产负债表中"年初余额"栏内各项数字应根据上年末资产负债表的"期末余额"栏内所列数字来填列。如果上年度资产负债表规定的各个项目的名称和内容与本年度不相一致，应对上年年末资产负债表各项目的名称和数字按照本年度的规定进行调整，填入报表中"年初余额"栏内。

（2）期末余额。

资产负债表"期末余额"的编制方法主要有两种，如图 2-1 所示。

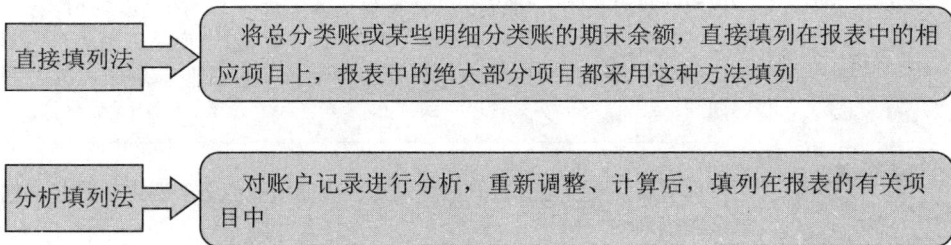

| 直接填列法 | → | 将总分类账或某些明细分类账的期末余额，直接填列在报表中的相应项目上，报表中的绝大部分项目都采用这种方法填列 |
| 分析填列法 | → | 对账户记录进行分析，重新调整、计算后，填列在报表的有关项目中 |

图 2-1 资产负债表"期末余额"的编制方法

4. 资产负债表各项目的具体填列方法

资产负债表中各项目可分为流动资产、非流动资产、流动负债、长期负债以及所有者权益五部分。

（1）流动资产。流动资产各项目的填列方法，见表 2-6。

表 2-6　　　　　　　　　　　　流动资产各项目填列方法

项　目	填列方法
货币资金	根据"库存现金""银行存款""其他货币资金"科目的期末余额合计数填列
应收票据	根据"应收票据"科目的期末余额减去"坏账准备"科目中有关应收票据计提的坏账准备期末余额后的净额填列。其中，不包括已向银行贴现和已背书转让的应收票据，已经贴现的商业承兑汇票应在财务报表附注中单独披露

项　目	填列方法
应收账款	根据"应收账款"科目所属各明细科目的期末借方余额合计数，减去"坏账准备"科目中有关应收账款计提的坏账准备期末余额后的金额填列 "预收账款"所属明细科目中有借方余额的，也填入本项目
其他应收款	根据"应收利息""应收股利"和"其他应收款"科目的期末余额，减去"坏账准备"科目中有关其他应收款计提的坏账准备后的金额填列
预付款项	根据"预付账款""应付账款"科目所属各明细科目的期末借方余额合计数，减去"坏账准备"科目中有关预付账款计提的坏账准备期末余额后的净额填列
存货	根据"材料采购""原材料""材料成本差异""生产成本""库存商品""周转材料""委托代销商品""委托加工物资""商品进销差价"等科目的期末余额合计数减去"存货跌价准备"科目期末余额后的金额填列
以公允价值计量且其变动计入当期损益的金融资产	根据"以公允价值计量且其变动计入当期损益的金融资产"科目的期末余额填列
持有待售资产	根据"持有待售资产"科目的期末余额，减去"持有待售资产减值准备"科目的期末余额后的金额填列
一年内到期的非流动资产	根据有关科目的期末余额分析计算填列
其他流动资产	根据有关科目的期末余额填列

（2）非流动资产。非流动资产各项目的具体内容和填列方法，见表2-7。

表 2-7　　　　　　　　　　　非流动资产各项目填列方法

项　目	填列方法
长期股权投资	根据"长期股权投资"科目的期末余额，减去"长期股权投资减值准备"科目期末余额后的净额填列
长期应收款	根据"长期应收款"科目的期末余额，减去"坏账准备"科目所属相关明细科目期末余额，再减去"未确认融资收益"科目期末余额后的金额分析计算填列

项　目	填列方法
固定资产	根据"固定资产"科目的期末余额，减去"累计折旧""固定资产减值准备""固定资产清理"科目期末余额后的净额填列
在建工程	根据"在建工程"科目的期末余额，减去"在建工程减值准备"科目期末余额以及"工程物资"科目的期末余额减去"工程物资减值准备"科目期末余额后的净额填列
无形资产	根据"无形资产"科目的期末余额，减去"累计摊销""无形资产减值准备"科目期末余额后的净额填列
递延所得税资产	根据"递延所得税资产"科目期末余额分析填列
其他非流动资产	应根据有关科目的期末余额填列，如其他长期资产价值较大的，应在财务报表附注中披露其内容和金额
可供出售金融资产	根据"可供出售金融资产"科目的期末余额，减去"资产减值损失"科目中有关可供出售金融资产计提的准备期末余额后的净额填列
持有至到期投资	根据"持有至到期投资"科目的期末余额减去"持有至到期投资减值准备"科目的期末余额后填列
投资性房地产	根据"投资性房地产"科目的期末余额，减去"投资性房地产累计折旧""投资性房地产减值准备"所属有关明细科目期末余额后的金额分析计算填列

（3）流动负债。流动负债各项目的具体内容和填列方法，见表 2-8。

表 2-8　　　　　　　　　　　流动负债各项目填列方法

项　目	填列方法
短期借款	根据"短期借款"科目的期末余额填列
以公允价值计量且其变动计入当期损益的金融负债	根据"以公允价值计量且其变动计入当期损益的金融负债"等科目的期末余额分析填列
应付票据	根据"应付票据"科目的期末余额填列
应付账款	根据"应付账款"科目所属各有关明细科目的期末贷方余额及"预付账款"贷方余额合计填列
预收款项	根据"预收账款"及"应收账款"科目所属各有关明细科目的期末贷方余额合计填列
应付职工薪酬	根据"应付职工薪酬"科目期末贷方余额填列
应交税费	根据"应交税费"科目的期末贷方余额填列，若期末为借方余额，应以"—"号填列

项　目	填列方法
其他应付款	根据"应付利息""应付股利""其他应付款"科目的期末余额填列
持有待售负债	根据"持有待售负债"科目的期末余额填列
预计负债	根据"预计负债"科目的期末余额填列
一年内到期的 非流动负债	根据有关非流动负债科目的期末余额分析计算填列
其他非流动负债	根据有关科目的期末余额填列
递延所得税负债	根据"递延所得税负债"科目期末余额分析填列

（4）长期负债。长期负债各项目的具体内容和填列方法，见表2-9。

表2-9　　　　　　　　　　　　　长期负债各项目填列方法

项　　目	填列方法
长期借款	根据"长期借款"科目的期末余额填列
应付债券	根据"应付债券"科目的期末余额填列
长期应付款	根据"长期应付款"科目的期末余额，减去"未确认融资费用"科目期末余额后的金额填列
递延收益	摊销期限只剩一年或不足一年的，或预计在一年内（含一年）进行摊销的部分，不得归类为流动负债，仍在该项目中填列，不转入"一年内到期的非流动负债"项目

（5）所有者权益。所有者权益各项目的具体内容和填列方法，见表2-10。

表2-10　　　　　　　　　　　　所有者权益各项目填列方法

项　　目	填列方法
实收资本	根据"实收资本"（或"股本"）科目的期末余额填列
其他权益工具	反映资产负债表日企业发行在外的除普通股以外分类为权益工具的金融工具的期末账面价值。分类为权益工具的，应在"其他权益工具"填列，对于优先股和永续债，还应在"其他权益工具"项目下的优先股项目和永续债项目分别填列
资本公积	根据"资本公积"科目的期末余额填列
其他综合收益	根据"其他综合收益"科目的期末余额填列
盈余公积	根据"盈余公积"科目的期末余额填列
未分配利润	根据"本年利润"科目和"利润分配"科目的余额计算填列。未弥补的亏损在本项目以"－"号填列

2.4 资产负债表编制实例

【例2-1】慈灵制造有限公司 2019 年 12 月 31 日有关科目资料,见表 2-11。

表 2-11 　　　　　　　　慈灵制造有限公司账户余额表 　　　　　　　(单位:元)

账户名称	借方余额	贷方余额	账户名称	借方余额	贷方余额
库存现金	3 000		短期借款		892 000
银行存款	6 258 000		应付账款		1 834 000
其他货币资金	105 000		预收账款		240 000
应收票据	110 000		应付职工薪酬		208 000
应收账款	520 000		应交税费	327 000	
坏账准备		45 000	应付股利		450 000
材料采购	350 000		长期借款		3 000 000
原材料	455 000		股本		1 500 000
库存商品	198 000		资本公积		289 000
生产成本	689 400		盈余公积		783 000
固定资产	4 520 000		利润分配		2 834 400
累计折旧		1 460 000			
小　计	13 208 400	1 505 000	小　计	327 000	2 403 000

补充说明:

(1) 在"应收账款"账户的明细账户"利元企业"中有贷方余额 350 000元。

(2) 在"应付账款"账户的明细账户"芬达企业"中有借方余额 460 000元。

(3) 在"预收账款"账户的明细账户"德林企业"中有借方余额 220 000元。

(4) 长期借款中有 1 笔 2016 年 7 月 1 日借入的、到期一次还本付息的 2.5 年期借款,该笔借款本金 540 000 元,年利率10%。

该公司 2019 年 12 月 31 日资产负债表各项目的应填列金额计算分析如下。

（1）货币资金项目：将"库存现金""银行存款""其他货币资金"科目余额合并列入货币资金项目，即 3 000＋6 258 000＋105 000＝6 366 000（元）。

（2）应收票据项目：按期账面余额直接填列，即 110 000 元。

（3）应收账款项目：将应收账款项目所属明细账户的借方余额合计、再加上预收账款所属明细账户的借方余额并减去坏账准备账户的余额。具体计算如下过程：

①应收账款项目所属明细科目的借方余额合计＝520 000＋350 000＝870 000（元）；

②应收账款项目应填列金额＝870 000＋220 000－45 000＝1 045 000（元）。

（4）预付款项项目：将预付款项所属明细账户的借方余额合计，再加上应付账款所属明细账户的借方余额合计，即 0＋460 000＝460 000（元）。

（5）存货项目：将"材料采购""原材料""库存商品""生产成本"账户的余额合计，即 350 000＋455 000＋198 000＋689 400＝1 692 400（元）。

（6）固定资产项目：将"固定资产"账户余额减去"累计折旧"账户余额，即 4 520 000－1 460 000＝3 060 000（元）。

（7）短期借款项目：直接根据"短期借款"账户期末余额填列，即 892 000 元。

（8）应付账款项目：将"应付账款"所属明细账户的贷方余额合计，即 1 834 000＋460 000＝2 294 000（元）。

（9）预收款项项目：将"预收账款"账户所属明细账户贷方余额合计，再加上"应收账款"账户所属明细账户贷方余额合计。具体计算如下：

①"预收账款"账户所属明细账户贷方余额合计＝240 000＋220 000＝460 000（元）；

②预收款项项目应填列金额＝460 000＋350 000＝810 000（元）。

（10）应付职工薪酬项目：直接按照"应付职工薪酬"账户余额填列，即 208 000 元。

（11）应交税费项目：直接按照"应交税费"账户余额填列，但因其余额在借方，故应以负数填入，即－327 000 元。

（12）应付股利项目并入其他应付款项目：直接按照"应付股利"账户的期末余额填列，即450 000元。

（13）一年内到期的非流动负债项目：将"长期借款"账户中所含的将于一年内到期并需偿付的长期借款本金及利息记入该项目，即 $540\ 000 \times (1 + 10\% \times 1.5) = 621\ 000$（元）。

（14）股本项目、资本公积项目、盈余公积项目：分别按其同名账户的余额直接填列，即各项目应填列金额分别为 1 500 000 元、289 000 元、783 000元。

（15）长期借款项目：用"长期借款"账户的余额减去记入"一年内到期的非流动负债"中的那一部分长期借款金额，即 $3\ 000\ 000 - 621\ 000 = 2\ 379\ 000$（元）。

（16）未分配利润项目：按"利润分配"账户的期末余额直接填列（若为借方余额，以负数填列），即 2 834 400 元。

慈灵制造有限公司资产负债表编制，见表2-12。

表 2-12 　　　　　　　　　　　　　资产负债表

编制单位：慈灵制造有限公司　　2019 年 12 月 31 日　　　　　　　单位：元

资　产	期末余额	年初余额	负债和所有者权益	期末余额	年初余额
流动资产：			流动负债：		
货币资金	6 366 000	489 000	短期借款	892 000	1 000 000
应收票据	110 000	146 000	应付账款	2 294 000	2 580 000
应收账款	1 045 000	1 238 900	预收账款	810 000	2 279 000
预付款项	460 000	894 300	应付职工薪酬	208 000	378 900
存货	1 692 400	2 560 000	应交税费	−327 000	593 200
流动资产合计	9 673 400	5 328 200	其他应付款	450 000	0
非流动资产：			1 年内将到期的非流动负债	621 000	0
固定资产	3 060 000	4 598 100	流动负债合计	4 948 000	6 831 100
非流动资产合计	3 060 000	4 598 100	非流动负债：		
			长期借款	2 379 000	0
			非流动负债合计	2 379 000	0

资　产	期末余额	年初余额	负债和所有者权益	期末余额	年初余额
			负债合计	7 327 000	6 831 100
			所有者权益：		
			股本	1 500 000	1 500 000
			资本公积	289 000	226 720
			盈余公积	783 000	120 000
			未分配利润	2 834 400	1 248 480
			所有者权益合计	5 406 400	3 059 200
资产总计	12 733 400	9 926 300	负债及所有者权益总计	12 733 400	9 926 300

CHAPTER
THREE

第 3 章

利 润 表

通过利润表，可以反映企业在一定会计期间收入、费用、盈利（或亏损）、其他综合收益的数额、构成情况，帮助财务报表使用者全面了解企业的经营成果，分析企业的获利能力及盈利增长趋势，从而为其作出经济决策提供依据。

3.1 什么是利润表

利润表是反映企业在一定会计期间的经营成果的报表。

1. 利润表的格式

我国企业的利润表采用多步式，分以下五个步骤编制。

第一步，以营业收入为基础，减去营业成本、税金及附加、销售费用、管理费用、财务费用、资产减值损失，加上公允价值变动收益（减去公允价值变动损失）和投资收益（减去投资损失），计算出营业利润。

第二步，以营业利润为基础，加上营业外收入，减去营业外支出，计算出利润总额。

第三步，以利润总额为基础，减去所得税费用，计算出净利润（或净亏损）。

我国企业利润表格式，见表3-1。

表 3-1 利润表

编制单位：　　　　　　　　　　　　年　　月　　　　　　　　　　　单位：元

项　　目	本期金额	上期金额
一、营业收入		
减：营业成本		
税金及附加		
销售费用		
管理费用		
研发费用		
财务费用		
其中：利息费用		
利息收入		

项 目	本期金额	上期金额
加：其他收益		
投资收益（损失以"－"号填列）		
其中：对联营企业和合营企业的投资收益		
公允价值变动收益（损失以"－"号填列）		
资产减值损失（损失以"－"号填列）		
资产处置收益（损失以"－"号填列）		
二、营业利润（亏损以"－"号填列）		
加：营业外收入		
减：营业外支出		
三、利润总额（亏损总额以"－"号填列）		
减：所得税费用		
四、净利润（净亏损以"－"号填列）		
（一）持续经营净利润（净亏损以"－"号填列）		
（二）终止经营净利润（净亏损以"－"号填列）		
五、其他综合收益的税后净额		
（一）不能重分类进损益的其他综合收益		
1. 重新计量设定受益计划变动额		
2. 权益法下不能转损益的其他综合收益		
……		
（二）将重分类进损益的其他综合收益		
1. 权益法下可转损益的其他综合收益		
2. 可供出售金融资产公允价值变动损益		
3. 持有至到期投资重分类为可供出售金融资产损益		
4. 现金流量套期损益的有效部分		
5. 外币财务报表折算差额		
……		
六、综合收益总额		
七、每股收益		
（一）基本每股收益		
（二）稀释每股收益		

2. 利润表的结构

利润表由表头、表体和表尾三部分组成，见表 3-2。

表 3-2　　　　　　　　　　　　　　　　利润表的结构

组成部分	列示内容
表头	报表名称、编制单位名称、编制日期、报表编号、货币计量单位等
表体（主体部分）	表体需揭示的基本内容包括：主营业务收入、主营业务成本、税金及附加、营业利润、销售费用、管理费用、财务费用、投资收益、营业外收入、营业外支出，利润总额、所得税、净利润等。至于净利润的分配，则应编利润分配表予以揭示。
表尾（补充材料）	补充材料的主要内容包括：出售、处置部门或被投资单位所得收益、自然灾害发生的损失、会计政策变更增加（或减少）利润总额、会计估计变更增加（或减少）利润总额、债务重组损失等

利润表各项目的内容，见表 3-3。

表 3-3　　　　　　　　　　　　　　利润表表体具体内容说明

项　　目	内容说明
营业收入	企业工商营业执照中注册的主营业务，如主要生产、经营活动所取得的营业收入
营业成本	经营主营业务而发生的实际成本，包括直接材料、直接工资、制造费用等
税金及附加	经营主营业务而应负担的税金及附加，包括消费税、城市维护建设税、土地增值税和教育附加费等，不包括销售商品业务发生的增值税和所得税
销售费用	企业在销售商品过程中发生的费用，包括销售人员的工资、办公费、广告费、运输费、装卸费、包装费、保险费、差旅费以及业务招待费等
管理费用	企业为组织和管理企业生产经营所发生的各项费用支出，包括企业的董事会和行政管理部门在企业的经营管理中发生的，或者应当由企业统一负责的公司经费、工会经费、员工教育经费、劳动保险费、业务招待费、董事会费等
财务费用	企业为筹集生产经营所需资金等而发生的费用，包括利息支出、汇兑损失以及相关的手续费等
公允价值变动收益	反映企业应当计入当期损益的资产或负债公允价值变动收益。应根据"公允价值变动损益"科目发生额分析填列

项　　目	内容说明
资产减值损失	反映企业各项资产发生的减值损失。本项目应根据"资产减值损失"科目的发生额分析填列
投资收益	这里的投资收益实际上准确地说应表述成净收益，它是投资收益减投资损失的净额
营业利润	营业利润＝营业收入－营业成本－税金及附加－（管理费用＋财务费用＋销售费用）－资产减值损失＋公允价值变动收益＋投资收益
营业外收入	企业工商营业执照中注册的兼营的项目内容，与企业经营无直接关系的各种收入，包括固定资产盘盈、处置固定资产净收益、处置无形资产净收益、非货币性交易收益、出售无形资产收益、罚款净收入、因债权人原因确实无法支付的账款、教育费附加返还款等
营业外支出	企业发生的与经营无直接关系的各种支出，包括固定资产盘亏、处置固定资产净损失、处置无形资产净损失、债务重组损失、计提固定资产减值准备、罚款支出、赔偿金、非正常停工损失等
利润总额	利润总额＝营业利润＋营业外收入－营业外支出
所得税费用	企业应计入当期损益的所得税费用，在应付税款下，所得税与应交所得税是一致的，但在纳税影响会计法下，所得税是应交所得税调整了递延税款后的数额
净利润	净利润＝利润总额－所得税费用

3.2　利润表的具体格式

利润表的具体格式，如图 3-1 所示。

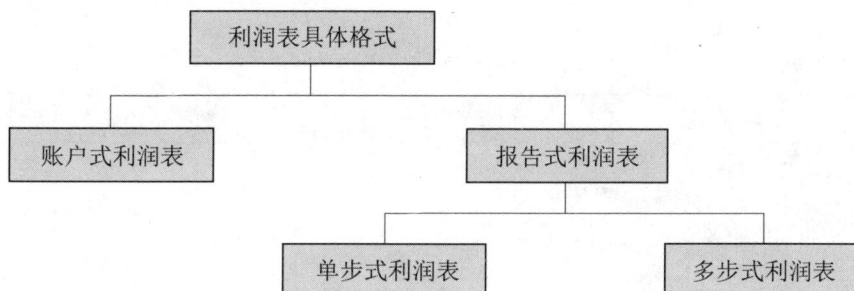

图 3-1　利润表具体格式

1. 账户式利润表

账户式利润表总体结构就像账户一样，左方列示费用支出，右方列示收入。若有右方差额，则体现为利润；若有左方差额，则体现为亏损。其格式见表3-4。

表 3-4　　　　　　　　　　　　　账户式利润表

费用支出	收入
…	…
…	…
合计：	合计：
差额（亏损）：	差额（收益）：

2. 报告式利润表

报告式利润表由于确定利润的思路不同又可分为单步式利润表和多步式利润表两种。我国采用多步式利润表格式。

（1）单步式利润表。

单步式利润表，是将当期企业所有收入（包括营业外收入）及所有费用（包括营业外支出）分别汇总，两者相减而一次得出本期收益或亏损的利润表格式。单步式利润表对一切收入和费用、支出一视同仁，不分彼此先后，可避免使人误认为收入与费用的配比有先后顺序。其缺点是销售毛利、营业利润、利润总额等均未直接反映，不利于不同企业或同一企业不同时期相应项目的比较。

在我国，单步式利润表主要用于那些业务比较简单的服务咨询行业和某些实行企业化管理的事业单位。其基本格式见表3-5。

表 3-5　　　　　　　　　　　　　单步式利润表

编制单位：　　　　　　　　　　年　　月　　　　　　　　　　单位：元

项　　目	行次	本月数	本年累计数
一、营业收入和收益 　其中：主营业务收入 　　　　其他业务收入 　　　　营业外收入 　　　　投资收益 　　　　营业收入和收益合计			

项 目	行次	本月数	本年累计数
二、营业成本和费用 　其中：主营业务成本 　　　　税金及附加 　　　　其他业务成本 　　　　销售费用 　　　　管理费用 　　　　财务费用 　　　　营业外支出 　营业成本和费用合计 三、利润总额 　减：所得税			
四、净利润			

（2）多步式利润表。

所谓多步式利润表，是将利润表的内容按照企业利润的构成要素，分四步计算企业的利润（或亏损），如图 3-2 所示。

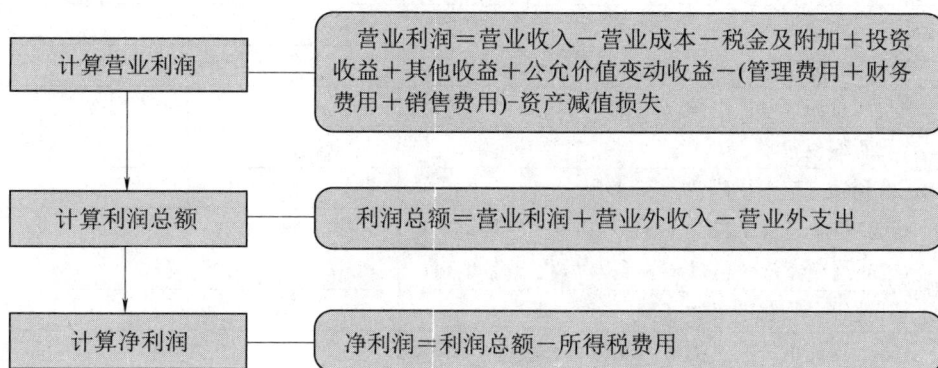

计算营业利润	营业利润＝营业收入－营业成本－税金及附加＋投资收益＋其他收益＋公允价值变动收益－（管理费用＋财务费用＋销售费用)-资产减值损失
计算利润总额	利润总额＝营业利润＋营业外收入－营业外支出
计算净利润	净利润＝利润总额－所得税费用

图 3-2　多步式利润计算步骤图

多步式利润表就是将利润表的内容进行适当分类，把利润的计算分成若干步骤，并揭示多步骤之间的关系，从而提供有关形成最终税后利润的中间性信息。

多步式利润表其基本格式，见表 3-6。

表 3-6 利　润　表

编制单位：　　　　　　　　　　　　年　月　　　　　　　　　　单位：元

项　　目	本期金额	上期金额
一、营业收入		
减：营业成本		
税金及附加		
销售费用		
管理费用		
研发费用		
财务费用		
其中：利息费用		
利息收入		
加：其他收益		
投资收益（损失以"－"号填列）		
其中：对联营企业和合营企业的投资收益		
公允价值变动收益（损失以"－"号填列）		
资产减值损失（损失以"－"号填列）		
资产处置收益（损失以"－"号填列）		
二、营业利润（亏损以"－"号填列）		
加：营业外收入		
减：营业外支出		
三、利润总额（亏损总额以"－"号填列）		
减：所得税费用		
四、净利润（净亏损以"－"号填列）		
（一）持续经营净利润（净亏损以"－"号填列）		
（二）终止经营净利润（净亏损以"－"号填列）		
五、其他综合收益的税后净额		
（一）不能重分类进损益的其他综合收益		
1. 重新计量设定受益计划变动额		
2. 权益法下不能转损益的其他综合收益		
"……		
（二）将重分类进损益的其他综合收益		
1. 权益法下可转损益的其他综合收益		
2. 可供出售金融资产公允价值变动损益		
3. 持有至到期投资重分类为可供出售金融资产损益		

项　　目	本期金额	上期金额
4. 现金流量套期损益的有效部分		
5. 外币财务报表折算差额		
……		
六、综合收益总额		
七、每股收益		
（一）基本每股收益		
（二）稀释每股收益		

2. 利润表的编制

利润表各项目均需填列"本期金额"和"上期金额"两栏。利润表"本期金额""上期金额"栏内各项数字，应当按照相关科目的发生额分析填列。

利润表项目的填列说明，见表 3-7。

表 3-7　　　　　　　　　　　　　利润表项目填列说明

项　　目	填列方法
营业收入	本项目应根据"主营业务收入"和"其他业务收入"科目的发生额分析填列
营业成本	本项目应根据"主营业务成本"和"其他业务成本"科目的发生额分析填列
税金及附加	本项目应根据"税金及附加"科目的发生额分析填列
销售费用	本项目应根据"销售费用"科目的发生额分析填列
管理费用	本项目应根据"管理费用"科目的发生额分析填列
研发费用	根据"管理费用"科目下的"研究费用"明细科目的发生额，以及"管理费用"科目下的无形资产摊销明细科目的发生额分析填列
财务费用	本项目应根据"财务费用"科目的发生额分析填列
利息费用	反映企业为筹集生产经营所需资金等而发生的应予费用化的利息支出，根据"财务费用"的相关明细科目的发生额分析填列
利息收入	反映企业按照相关会计准则确认的应冲减财务费用的利息收入，根据"财务费用"的相关明细科目的发生额分析填列
其他收益	根据"其他收益"科目的发生额分析填列
资产处置损益	根据"资产处置损益"科目的发生额分析填列；如为处置损失，以"一"号填列
资产减值损失	本项目应根据"资产减值损失"科目发生额分析填列
公允价值变动收益	本项目应根据"公允价值变动损益"科目的发生额分析填列，如为净损失，本项目以"一"号填列

项　目	填列方法
投资收益	本项目应根据"投资收益"科目的发生额分析填列。如为投资损失，本项目用"－"号填列
营业利润	反映企业实现的营业利润。如为亏损，本项目以"－"号填列
营业外收入	本项目应根据"营业外收入"科目的发生额分析填列
营业外支出	本项目应根据"营业外支出"科目的发生额分析填列
利润总额	反映企业实现的利润。如为亏损，本项目以"－"号填列
所得税费用	本项目应根据"所得税费用"科目的发生额分析填列
净利润	反映企业实现的净利润。如为亏损，本项目以"－"号填列
每股收益	包括基本每股收益和稀释每股收益两项指标，反映普通股或潜在普通股已公开交易的企业，以及正在公开发行普通股或潜在普通股过程中的企业的每股收益信息
其他综合收益	反映根据《企业会计准则》规定未在损益中确认的各项利得和损失扣除所得税影响后的净额
综合收益总额	反映企业净利润与其他综合收益的合计金额
"（一）持续经营净利润"和"（二）终止经营净利润"	分别反映净利润中与持续经营有关的净利润和与终止经营相关的净利润；如为亏损，以"－"号填列

3.3　利润表的编制实例

【例 3-1】某企业 2019 年 12 月 31 日有关科目的会计资料见表 3-8。

表 3-8

科目名称	借方发生额	贷方发生额
主营业务收入		1 480 000
其他业务收入		360 000
主营业务成本	780 000	
其他业务成本	217 000	
税金及附加	4 000	
销售费用	29 000	
管理费用	171 500	
管理费用——业务招待费	9 500	
管理费用——研究与开发费	162 000	
财务费用	54 900	
财务费用——利息收入		400
财务费用——手续费	55 300	

科目名称	借方发生额	贷方发生额
投资收益		34 900
营业外收入		64 300
营业外支出	20 700	
所得税费用	165 525	

根据上述资料填制利润表，见表3-9。

表 3-9 利 润 表 单位：元

2019 年 12 月

项　　目	本期金额	上期金额
一、营业收入	1 840 000	1 965 200
减：营业成本	997 000	716 500
税金及附加	4 000	5 600
销售费用	29 000	32 000
管理费用	9 500	158 000
研发费用	162 000	
财务费用	54 900	51 980
其中：利息费用	55 300	
利息收入	400	
资产减值损失		3 000
加：其他收益		
投资收益（损失以"－"号填列）	34 900	29 740
其中：对联营企业和合营企业的投资收益		
公允价值变动收益（损失以"－"号填列）		
资产减值损失（损失以"－"号填列）		
资产处置收益（损失以"－"号填列）		
二、营业利润（亏损以"－"号填列）	618 500	1 027 860
加：营业外收入	64 300	48 760
其中：非流动资产处置损失		
减：营业外支出	20 700	48 920
其中：非流动资产处置损失		
三、利润总额（亏损总额以"－"号填列）	662 100	1 027 700
减：所得税费用	165 525	256 925
四、净利润（净亏损以"－"号填列）	496 575	770 775

项　　目	本期金额	上期金额
（一）持续经营净利润（净亏损以"—"号填列）		
（二）终止经营净利润（净亏损以"—"号填列）		
五、其他综合收益的税后净额		
（一）不能重分类进损益的其他综合收益		
1. 重新计量设定受益计划变动数		
2. 权益法下不能转损益的其他综合收益		
……		
（二）将重分类进损益的其他综合收益		
1. 权益法下可转损益的其他综合收益		
2. 可供出售金融资产公允价值变动损益		
3. 持有至到期投资重分类为可供出售金融资产损益		
4. 现金流量套期损益的有效部分		
5. 外币财务报表折算差额		
……		
六、综合收益总额		
七、每股收益		
（一）基本每股收益		
（二）稀释每股收益		

（1）营业收入＝主营业务收入账户发生额＋其他业务收入账户发生额

　　　　　　＝1 480 000＋360 000

　　　　　　＝1 840 000（元）

（2）营业成本＝主营业务成本账户发生额＋其他业务成本账户发生额

　　　　　　＝780 000＋217 000

　　　　　　＝997 000（元）

（3）税金及附加＝税金及附加账户发生额＝4 000（元）

（4）销售费用＝销售费用账户发生额＝29 000（元）

（5）管理费用＝管理费用账户发生额＝9 500（元）

（6）研发费用＝研究费用账户发生额＝162 000（元）

（7）财务费用＝财务费用账户发生额＝54 900（元）

（8）投资收益＝投资收益账户发生额＝34 900（元）

（9）营业利润＝营业收入－营业成本－税金及附加－销售费用－管理费用－财务费用＋投资收益

$$=1\ 840\ 000-997\ 000-4\ 000-29\ 000-171\ 500-54\ 900+34\ 900$$

$$=618\ 500（元）$$

（10）营业外收入＝营业外收入账户余额＝64 300（元）

（11）营业外支出＝营业外支出账户余额＝20 700（元）

（12）利润总额＝营业利润＋营业外收入－营业外支出

$$=618\ 500+64\ 300-20\ 700=662\ 100（元）$$

（13）所得税＝所得税账户余额＝662 100×25％＝165 525（元）

（14）净利润＝利润总额－所得税费用＝496 575（元）

3.4 利润表附表的编制方法

利润表一般来讲有两个附表：一是利润分配表，二是分部报表，其中利润分配表是主要的附表。

利润分配表，是反映企业在一定期间内利润分配或弥补情况及其年末未分配利润结转情况的会计报表。它是一张年度动态会计报表，也是利润表的主要附表，说明利润表上反映的净利润的分配情况（或净亏损的弥补情况），从而了解利润的分配去向，以及年末分配利润的数额。

1. 利润分配表的格式

利润分配表结构上也包括表头和表体两个部分。表头包括表名、编制单位、编制期间和金额单位等内容。其表体采用多步式报告结构，从企业实现的净利润出发，按利润分配的先后顺序分别反映各分配阶段上的利润，即：净利润、可供分配利润、可供投资者分配的利润和未分配利润，每项内容通常还区分为"本年实际"和"上年实际"。其基本格式见表 3-10。

表 3-10 利润分配表

编制单位： 年度 单位：××

项　　目	行次	本年实际	上年实际
一、净利润	1		
加：年初未分配利润	2		
其他转入	3		

项　目	行次	本年实际	上年实际
二、可供分配的利润	4		
减：提取法定盈余公积	5		
提取职工福利及奖励基金	6		
提取储备基金	7		
提取企业发展基金	8		
利润归还投资	9		
三、可供投资者分配的利润	10		
减：应付优先股股利	11		
应付普通股股利	12		
转作资本（或股本）的普通股股利	13		
四、未分配利润	14		

2. 利润分配表的编制方法

利润分配表的"本年实际"栏，根据本年"本年利润"及"利润分配"科目及其所属明细科目的记录分析填列；"上年实际"栏根据上年"利润分配表"填列。如果上年度利润分配表与本年度利润分配表的项目名称和内容不一致，则按编报当年的口径对上年度报表项目的名称和数字进行调整，填入本表"上年实际"栏内。

下面我们来看利润分配表的具体编制方法。

（1）利润分配表各项目的内容和填列方法，见表 3-11。

表 3-11　　　　　　　　　　利润分配表各项目填列方法

项　目	填列方法
净利润	应与"利润表""本年累计数"栏的"净利润"项目一致。如为净亏损，以"－"号填列
年初未分配利润	应与上年"利润分配表"中"本年累计数"栏的"未分配利润"项目一致，如为未弥补的亏损，以"－"号填列
其他转入	根据"利润分配—其他转入"明细账贷方发生净额分析填列
提取法定盈余公积	根据"利润分配—提取盈余公积"明细账借方发生净额填列

项　目	填列方法
提取职工奖励及福利基金	根据"利润分配－提取职工奖励及福利基金"明细账借方发生净额分析填列
提取储备基金和提取企业发展基金	根据"利润分配－提取储备基金"和"利润分配－提取企业发展基金"明细账借方发生净额分析填列
利润归还投资	根据"利润分配－利润归还投资"明细账借方发生净额分析填列
应付优先股股利	根据"利润分配－应付优先股股利"明细账借方发生净额分析填列
应付普通股股利	根据"利润分配－应付普通股股利"明细账借方发生净额分析填列
转作股本的普通股股利	根据"利润分配－转作股本的普通股股利"明细账借方发生净额分析填列
未分配利润	根据"利润分配－未分配利润"明细账借方余额分析填列

（2）净利润的分配过程。

利润分配表反映的是公司当年的净利润的分配情况和年末分配利润的情况。该表的编制是从公司净利润额开始的。净利润的分配过程要经过 3 个层次的计算，其过程见表 3-12。

表 3-12　利润分配的顺序

1. 计算可供分配的利润	可供分配的利润＝本年净利润＋年初未分配利润 如果为负数，不能进行后续分配。 如果为正数，可以进行后续分配
2. 计提法定公积金	按照抵减年初累计亏损后的本年净利润计提 年初存在累计亏损：法定公积金＝抵减年初累计亏损后的本年净利润×10％ 年初不存在累计亏损：法定公积金＝本年净利润×10％ 【提示】不能在没有累计盈余情况下提取公积金。 （提取法定公积的"补亏"，与所得税法的亏损后转无关）
3. 计提任意公积金	由股东会或股东大会决定
4. 向股东支付股利	可供股东分配的利润＝可供分配的利润－从本年净利润中提取的公积金

【例 3-2】2019 年度，慈灵制造有限公司"利润分配——未分配利润"账户余额及发生额，见表 3-13。

表 3-13　　　　　　　　"利润分配——未分配利润"明细账户

日期	摘　要	借方	贷方	余额
1 月 1 日	上年转入			438 900
12 月 31 日	本年净利润转入		496 575	
	提取法定盈余公积转入	49 657.5		
	应付普通股股利转入	300 000		
	本年发生额合计余额	349 657.5	496 575	585 817.5

根据利润分配的编制原则，该公司会计人员编制 2017 年度利润分配表见表 3-14。

表 3-14　　　　　　　　　　　　利润分配表

编制单位：君泰公司　　　　　　　2019 年度　　　　　　　　　　单位：元

项　目	行次	本年实际	上年实际
一、净利润	1	496 575	884 500
加：年初未分配利润	2	438 900	483 200
其他转入	4	0	0
二、可供分配的利润	8	935 475	1 367 700
减：提取法定盈余公积	9	49 657.5	88 450
提取法定公益金	10	0	0
提取职工福利及奖励基金	11	0	0
提取储备基金	12	0	0
提取企业发展基金	13	0	0
利润归还投资	14	0	0
三、可供投资者分配的利润	16	885 817.50	1 279 250
减：应付优先股股利	17	0	0
提取任意盈余公积	18	0	0
应付普通股股利	19	300 000	840 350
转作资本（或股本）的普通股股利	20	0	0
四、未分配利润	25	585 817.5	438 900

CHAPTER
FOUR

第4章

现金流量表

　　现金流量表披露了企业在一定期间现金（包括现金等价物）的流入、流出，以及期初和期末现金结余的状况。现金流量表同资产负债表、利润表一起，构成公司的三大主要会计报表。

4.1 现金和现金流量

在对现金流量表进一步分析解说之前，必须首先对"现金"和"现金流量"概念加以明确。

1. 什么是现金

"现金流量表"所指的现金是包括库存现金、银行活期存款、其他货币资金及现金等价物等。现金等价物是指短期高流动性的票据、证券投资等，通常变现期不超过3个月，由于这类投资易于转换为已知金额的现金，价格变动风险很小，其支付能力与现金的差别不大。企业为了保证支付能力，必须持有一定量的现金，为了不使现金闲置，企业通常会购置短期债券等低风险、高流动性的证券。在现金流量表中，这类投资被视为现金一样对待。

企业应该根据经营特点的具体情况，确定现金等价物的范围，并将这种划分标准作为一项会计政策，在会计报表附注中对现金等价物的划分标准进行披露。

常见的现金等价物如3个月之内到期的国债、企业债券、商业票据等。应该注意的是，并不是所有短期投资都是现金等价物，要划归为现金等价物，一项证券投资必须满足期限短（通常3个月以内到期）、流动性强、易于转换成已知金额的现金、并且价值变动风险很小等条件。

2. 什么是现金流量

现金流量是一定期间内现金流入或流出的金额。引起企业现金流动的经济业务有图 4-1 所示的三种。

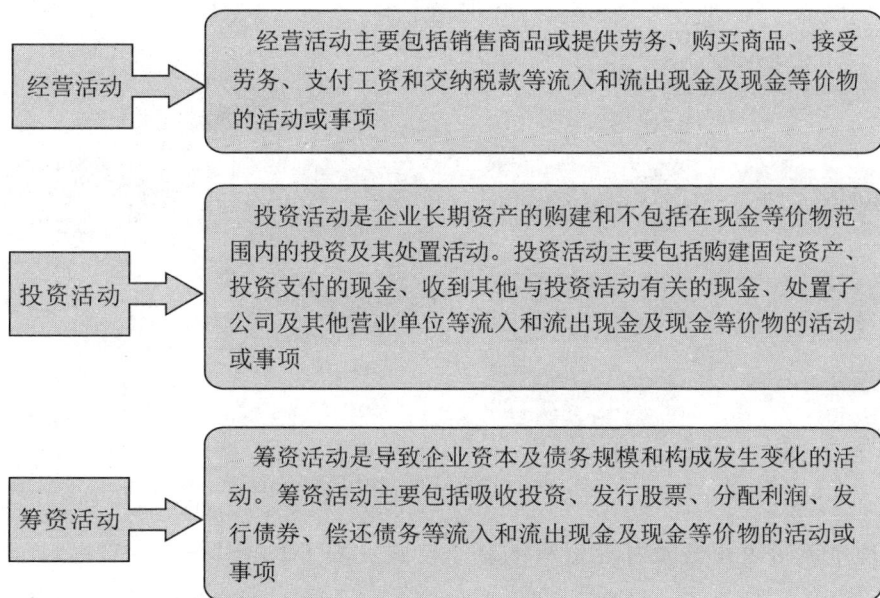

经营活动 → 经营活动主要包括销售商品或提供劳务、购买商品、接受劳务、支付工资和交纳税款等流入和流出现金及现金等价物的活动或事项

投资活动 → 投资活动是企业长期资产的购建和不包括在现金等价物范围内的投资及其处置活动。投资活动主要包括购建固定资产、投资支付的现金、收到其他与投资活动有关的现金、处置子公司及其他营业单位等流入和流出现金及现金等价物的活动或事项

筹资活动 → 筹资活动是导致企业资本及债务规模和构成发生变化的活动。筹资活动主要包括吸收投资、发行股票、分配利润、发行债券、偿还债务等流入和流出现金及现金等价物的活动或事项

图 4-1　引起现金流动的经济业务

4.2　现金流量表的基本架构与格式

1. 现金流量表结构

现金流量表采用报告式的结构，分类反映经营活动、投资活动和筹资活动产生的现金流量，最后汇总反映企业现金及现金等价物净增加额。在有外币现金流量及境外子公司的现金流量折算为人民币的企业，还应单设"汇率变动对现金及现金等价物的影响"项目。

现金流量表还应当披露与有关企业的补充资料：将净利润调节为经营活动现金流量，不涉及现金收支的重大投资和筹资活动，现金及现金等价物净变动情况。

2. 现金流量表格式

现金流量表分为两个部分，第 1 部分为正表，第 2 部分为补充资料，具体如图 4-2 所示。

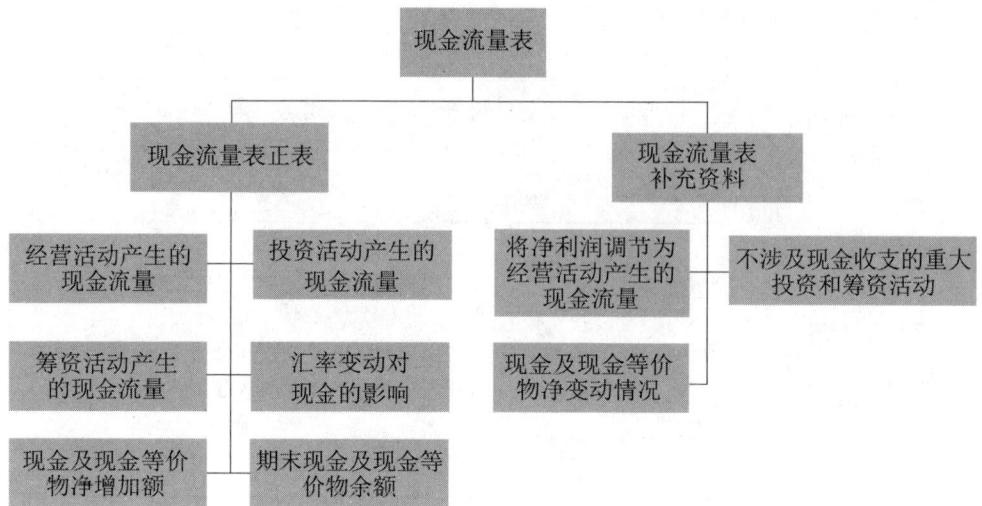

图 4-2 现金流量表构成图

现金流量表正表及补充资料的基本格式见表 4-1、4-2。

现金流量表

编制单位：_____公司 _____年 金额单位：人民币元

项　　目	金额
一、经营活动产生的现金流量	
销售商品、提供劳务收到的现金	
收到的税费返还	
收到的其他与经营活动有关的现金	
现金流入小计	
购买商品、接受劳务支付的现金	
支付给职工以及为职工支付的现金	
支付的各项税费	
支付的其他与经营活动有关的现金	
现金流出小计	
经营活动产生的现金流量净额	
二、投资活动产生的现金流量	
收回投资所收到的现金	
取得投资收益所收到的现金	

项　　目	金额
处置固定资产、无形资产和其他长期资产而收回的现金净额	
收到的其他与投资活动有关的现金	
现金流入小计	
购建固定资产、无形资产和其他长期资产所支付的现金	
投资所支付的现金	
支付的其他与投资活动有关的现金	
现金流出小计	
投资活动产生的现金流量净额	
三、筹资活动产生的现金流量	
吸收投资所收到的现金	
借款所收到的现金	
收到的其他与筹资活动有关的现金	
现金流入小计	
偿还债务所支付的现金	
分配股利、利润或偿付利息所支付的现金	
支付的其他与筹资活动有关的现金	
现金流出小计	
筹资活动产生的现金流量净额	
四、汇率变动对现金的影响	
五、现金及现金等价物净增加额	
加：期初现金及现金等价物余额	
六、期末现金及现金等价物余额	

表 4-2　　　　　　　　　　　　　　现金流量附表

补充资料	本期金额	上期金额
1. 将净利润调节为经营活动现金流量：		
净利润		
加：计提的资产减值准备		
固定资产折旧		

补充资料	本期金额	上期金额
无形资产摊销		
长期待摊费用摊销		
处置固定资产、无形资产和其他长期资产的损失（减：收益）		
固定资产报废损失（收益以"—"号填列）		
公允价值变动损失（收益以"—"号填列）		
财务费用		
投资损失（减：收益）		
递延所得税资产减少（增加以"—"号填列）		
递延所得税负债增加（减少以"—"号填列）		
存货的减少（减：增加）		
经营性应收项目的减少（减：增加）		
经营性应收项目的增加（减：减少）		
其他		
经营活动产生的现金流量净额		
2. 不涉及现金收支的重大投资和融资活动：		
债务转为资本		
一年内到期的可转换公司债券		
融资租入固定资产		
3. 现金及现金等价物净增加情况：		
现金的期末余额		
减：现金的期初余额		
加：现金等价物的期末余额		
减：现金等价物的期初余额		
现金及现金等价物净增加额		

4.3 现金流量表的编制方法

现金流量表的编制方法主要有以下 3 种：

現金流量表的編制方法

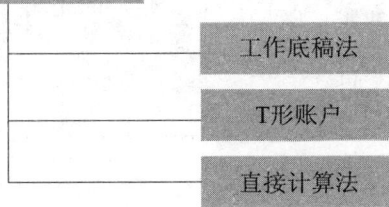

工作底稿法

T形账户

直接计算法

4.3.1 工作底稿法

工作底稿法就是以工作底稿为手段，以利润表和资产负债表的数据为基础，对每一项目进行分析并编制调整分录后，登入工作底稿，通过工作底稿编制现金流量表的方法。工作底稿蓝本见表 4-3。

表 4-3　　　　　　　　　　　工作底稿蓝本

项　　目	本期数	调整分录	
		借方	贷方
一、资产负债表项目			
二、利润表项目			
三、现金流量表项目			
调整分录合计			

采用工作底稿法编制现金流量表的步骤如图 4-3 所示。

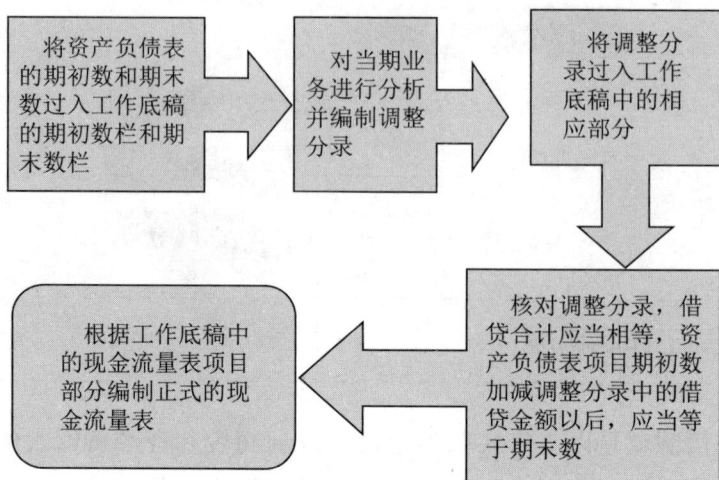

图 4-3　工作底稿法编制现金流量表的步骤

4.3.2　直接计算法

直接计算法主要是根据现金流量表表内各项目的涵义，通过从会计账簿中寻找有关数据直接进行填列的方法。

由于现金流量表的正表，主要包括 3 大部分的数据内容，这 3 大部分是经营活动产生的现金流量净额、投资活动产生的现金流量净额以及筹资活动产生的现金流量净额，因此，直接计算法的最主要工作，就是这 3 大部分内容的计算。

1. 经营活动产生的现金流量项目计算

经营活动产生的现金流量净额计算。经营活动产生的现金流量净额的各个子项目计算方法具体见表 4-4。

表 4-4　　　　　　　　　　经营活动产生的现金流量净额计算

项　　目	计算公式
销售商品、提供劳务收到的现金	利润表中主营业务收入×（1＋适用税率）＋利润表中其他业务收入＋（应收票据期初余额－应收票据期末余额）＋（应收账款期初余额－应收账款期末余额）＋（预收账款期末余额－预收账款期初余额）－计提的应收账款坏账准备期末余额

项　目	计算公式
收到的税费返还	（应收补贴款期初余额－应收补贴款期末余额）＋补贴收入＋所得税本期贷方发生额累计数
收到的其他与经营活动有关的现金	营业外收入相关明细本期贷方发生额＋其他业务收入相关明细本期贷方发生额＋其他应收账款相关明细本期贷方发生额＋其他应付账款相关明细本期贷方发生额＋银行存款利息收入
购买商品、接受劳务支付的现金	〔利润表中主营业务成本＋（存货期末余额－存货期初余额）〕×（1＋适用税率）＋其他业务成本（剔除税金）＋（应付票据期初余额－应付票据期末余额）＋（应付账款期初余额－应付账款期末余额）＋（预付账款期末余额－预付账款期初余额）
支付给职工以及为职工支付的现金	"应付职工薪酬"科目本期借方发生额累计数
支付的各项税费	"应交税费"各明细账户本期借方发生额累计数
支付的其他与经营活动有关的现金	营业外支出（剔除固定资产处置损失）＋管理费用（剔除工资、福利费、劳动保险金、待业保险金、住房公积金、养老保险、医疗保险、折旧、坏账准备或坏账损失、列入的各项税金等）＋销售费用、成本及制造费用（剔除工资、福利费、劳动保险金、待业保险金、住房公积金、养老保险、医疗保险等）＋其他应收款本期借方发生额＋其他应付款本期借方发生额＋财务费用中的银行手续费

2. 投资活动产生的现金流量项目计算

投资活动产生的现金流量净额计算。投资活动产生的现金流量净额各个子项目计算方法具体见表 4-5。

表 4-5　　　　　　　　　　投资活动产生的现金流量净额计算

项　目	计算公式
收回投资所收到的现金	（短期投资期初数－短期投资期末数）＋（长期股权投资期初数－长期股权投资期末数）＋（长期债权投资期初数－长期债权投资期末数）
取得投资收益所收到的现金	利润表投资收益－（应收利息期末数－应收利息期初数）－（应收股利期末数－应收股利期初数）

项　目	计算公式
处置固定资产、无形资产和其他长期资产所收回的现金净额	"固定资产清理"的贷方余额＋（无形资产期末数－无形资产期初数）＋（其他长期资产期末数－其他长期资产期初数）
收到的其他与投资活动有关的现金	如收回融资租赁设备本金等
购建固定资产、无形资产和其他长期资产所支付的现金	（在建工程期末数－在建工程期初数）（剔除利息）＋（固定资产期末数－固定资产期初数）＋（无形资产期末数－无形资产期初数）＋（其他长期资产期末数－其他长期资产期初数）
投资所支付的现金	（短期投资期末数－短期投资期初数）＋（长期股权投资期末数－长期股权投资期初数）（剔除投资收益或损失）＋（长期债权投资期末数－长期债权投资期初数）（剔除投资收益或损失）
支付的其他与投资活动有关的现金	如投资未按期到位罚款

3. 筹资活动产生的现金流量有关项目的计算

筹资活动产生的现金流量净额计算。筹资活动产生的现金流量净额各个子项目计算方法具体见表4-6。

表 4-6　　　　　　　　　　筹资活动产生的现金流量净额计算

项　目	计算公式
吸收投资所收到的现金	（实收资本或股本期末数－实收资本或股本期初数）＋（应付债券期末数－应付债券期初数）
借款收到的现金	（短期借款期末数－短期借款期初数）＋（长期借款期末数－长期借款期初数）
收到的其他与筹资活动有关的现金	如投资人未按期缴纳股权的罚款现金收入等
偿还债务所支付的现金	（短期借款期初数－短期借款期末数）＋（长期借款期初数－长期借款期末数）（剔除利息）＋（应付债券期初数－应付债券期末数）（剔除利息）

项　　目	计算公式
分配股利、利润或偿付利息所支付的现金	应付股利借方发生额＋利息支出＋长期借款利息＋在建工程利息＋应付债券利息－票据贴现利息支出
支付的其他与筹资活动有关的现金	如发生筹资费用所支付的现金、融资租赁所支付的现金、减少注册资本所支付的现金（收购本公司股票，退还联营单位的联营投资等）、企业以分期付款方式购建固定资产，除首期付款支付的现金以外的其他各期所支付的现金等

4. 汇率变动对现金及现金等价物的影响

企业外币现金流量折算成记账本位币时，所采用的是现金流量发生日的汇率或即期汇率的近似汇率，而现金流量表"现金及现金等价物净增加额"项目中外币现金净增加额是按资产负债表日的即期汇率折算。这两者的差额即为汇率变动对现金的影响。

4.3.3　T型账户法

T型账户以利润表和资产负债表数据为基础，对每一项目进行分析并编制调整分录，从而编制出现金流量表。

根据不同的用途，T型账户可以分为两大类：

第1类是为所有的非现金项目分别开设T型账户，所有的非现金项目是指除"货币资金"项目以外的资产负债表及利润表的其余项目。对每个项目开出T型账户后，即将其项目的期末期初变动数过入各该账户。

第2类是为"货币资金"及现金等价物的短期债券投资开设一个大的"现金及现金等价物"T型账，分为经营活动、投资活动和筹资活动3个部分。左边记录现金流入，右边记录现金流出。与其他账户一样，过入期末期初变动数。

采用T型账户法编制现金流量表的步骤，如图4-4所示。

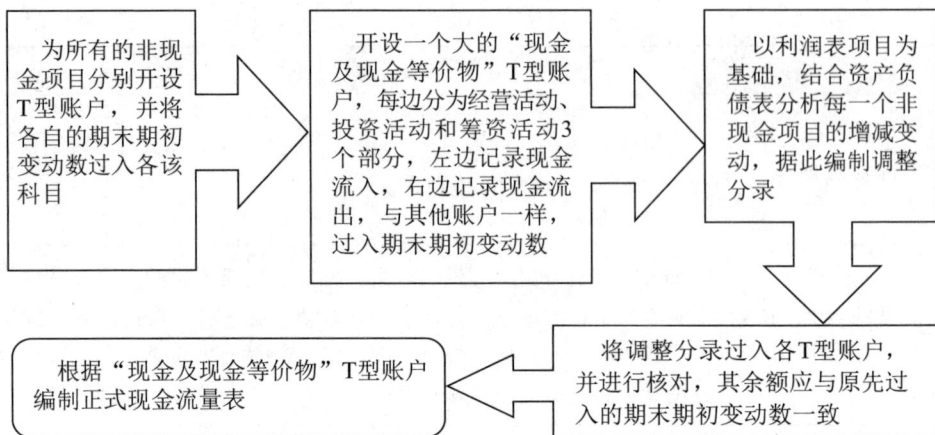

图 4-4 T型账户法编制现金流量表的步骤

4.4 现金流量表编制实例

【例 4-1】慈灵制造有限公司利润表、资产负债表及其他相关资料如下：

资料一：2019 年度利润表有关项目的明细资料。

（1）主营业务收入 2 560 000 元。

（2）主营业务成本 1 459 000 元。

（3）管理费用的组成：职工薪酬 23 900 元，无形资产摊销 68 300 元，摊销印花税 10 000 元，折旧费 20 000 元，支付其他费用 54 700 元。

（4）财务费用的组成：计提借款利息 21 500 元，支付应收票据贴现利息 22 000 元。

（5）资产减值损失的组成：计提坏账准备 42 000 元，计提固定资产减值准备 39 000 元。年末坏账准备余额为 1 100 元。

（6）投资收益的组成：收到股息收入 42 000 元，与本金一起收回的交易性股票投资收益 1 160 元，自公允价值变动损益结转投资收益 1 300 元。

（7）营业外收入的组成：处置固定资产净收益 142 300 元（其所处置固定资产原价为 400 000 元，累计折旧为 150 000 元，收到处置收入 392 300 元）。假定不考虑与固定资产处置有关的税费。

（8）营业外支出的组成：报废固定资产净损失 19 400 元（其所报废固定资产原价为 200 000 元，累计折旧 180 000 元，支付清理费用 600 元，收到残值收入 1 200 元）。

（9）所得税费用的组成：当期所得税费用为 172 920 元，递延所得税收益 12 300 元。

（10）销售费用 28 000 元。

除上述项目外，利润表中的销售费用至期末尚未支付。

资料二：资产负债表有关项目的明细资料。

（1）本期收回交易性股票投资本金 105 000 元、公允价值变动 14 500 元，同时实现投资收益 56 780 元。

（2）存货中生产成本、制造费用的组成：职工薪酬 426 800 元，折旧费 80 000 元。

（3）应交税费的组成：本期增值税进项税额 51 424 元，增值税销项税额 234 600 元，已交增值税 100 000 元；应交所得税期末余额为 20 097 元，应交所得税期初余额为 0。应交税费期末数中应由在建工程负担的部分为 100 000 元。

（4）应付职工薪酬的期初数无应付在建工程人员的部分，本期支付在建工程人员职工薪酬 240 000 元。应付职工薪酬的期末数中应付在建工程人员的部分为 28 000 元。

（5）应付利息均为短期借款利息，其中本期计提利息 11 500 元，支付利息 13 700 元。

（6）本期用现金购买固定资产 121 900 元，购买工程物资 180 900 元。

（7）本期用现金偿还短期借款 316 000 元，偿还 1 年内到期的长期借款 1 600 000 元；借入长期借款 450 000 元。

（8）存货的期初余额为 1 785 630 元，期末存货余额为 1 543 900 元。

（9）货币资金期初余额为 5 697 000 元，期末货币资金余额为 6 349 000 元。

根据以上资料，采用分析填列的方法，编制慈灵制造有限公司 2019 年度的现金流量表。

①销售商品、提供劳务收到的现金

＝主营业务收入＋应交税费（应交增值税——销项税额）＋（应收账款年初余额－应收账款期末余额）＋（应收票据年初余额－应收票据期末余额）－坏账准备期末余额－票据贴现的利息

＝2 560 000＋234 600－42 000－22 000

＝2 730 600（元）

②购买商品、接受劳务支付的现金

＝主营业务成本＋应交税费（应交增值税——进项税额）－（存货年初余额－存货期末余额）＋（应付账款年初余额－应付账款期末余额）＋（应付票据年初余额－应付票据期末余额）＋（预付账款期末余额－预付账款年初余额）－当期列入生产成本、制造费用的职工薪酬－当期列入生产成本、制造费用的折旧费和固定资产修理费

＝1 459 000＋51 424－（1 785 630－1 543 900）＝1 268 694（元）

③支付给职工以及为职工支付的现金

＝生产成本、制造费用、管理费用中职工薪酬＋（应付职工薪酬年初余额－应付职工薪酬期末余额）－［应付职工薪酬（在建工程）年初余额－应付职工薪酬（在建工程）期末余额］

＝426 800＋23 900＋28 000

＝478 700（元）

④支付的各项税费

＝当期所得税费用＋税金及附加＋应交税费（应交增值税——已交税金）－（应交所得税期末余额－应交所得税期初余额）

＝172 920＋100 000－20 097

＝252 823（元）

⑤支付其他与经营活动有关的现金

＝销售费用＋其他管理费用

＝54 700（元）

⑥收回投资收到的现金＝交易性金融资产贷方发生额＋与交易性金融资产一起收回的投资收益＝105 000＋1 160＋56 780＝162 940（元）

⑦取得投资收益所收到的现金＝收到的股息收入＝42 000（元）

⑧处置固定资产收回的现金净额＝142 300－19 400＝122 900（元）

⑨购建固定资产支付的现金

＝用现金购买的固定资产、工程物资＋支付给在建工程人员的薪酬

＝121 900＋180 900＋240 000

＝542 800（元）

⑩取得借款所收到的现金＝450 000（元）

⑪偿还债务支付的现金＝316 000＋1 600 000＝1 916 000（元）

⑫偿还利息支付的现金＝13 700（元）

（10）根据上述数据，编制现金流量表，见表4-7。

表 4-7   现金流量表

编制单位：慈灵制造有限公司 2019 年	金额单位：人民币元
项 目	金 额
一、经营活动产生的现金流量	
销售商品、提供劳务收到的现金	2 730 600
收到的税费返还	—
收到的其他与经营活动有关的现金	—
现金流入小计	2 730 600
购买商品、接受劳务支付的现金	1 268 694
支付给职工以及为职工支付的现金	478 700
支付的各项税费	252 823
支付的其他与经营活动有关的现金	54 700
现金流出小计	2 054 917
经营活动产生的现金流量净额	675 683
二、投资活动产生的现金流量	—
收回投资所收到的现金	162 940
取得投资收益所收到的现金	42 000
处置固定资产、无形资产和其他长期资产而收回的现金净额	122 900
收到的其他与投资活动有关的现金	—
现金流入小计	327 840
购建固定资产、无形资产和其他长期资产所支付的现金	542 800
投资所支付的现金	
支付的其他与投资活动有关的现金	
现金流出小计	542 800
投资活动产生的现金流量净额	−214 960
三、筹资活动产生的现金流量	—
吸收投资所收到的现金	—
借款所收到的现金	450 000

项　目	金　额
收到的其他与筹资活动有关的现金	—
现金流入小计	450 000
偿还债务所支付的现金	1 916 000
分配股利、利润或偿付利息所支付的现金	13 700
支付的其他与筹资活动有关的现金	—
现金流出小计	1 929 700
筹资活动产生的现金流量净额	−1 479 700
四、汇率变动对现金的影响	—
五、现金及现金等价物净增加额	652 000
加：期初现金及现金等价物余额	5 697 000
六、期末现金及现金等价物余额	6 349 000

4.5　现金流量表附表的编制方法

现金流量表的附表编制就是对现金流量表的补充资料进行编制。补充资料由 3 大项组成：即将净利润调节为经营活动现金流量；不涉及现金收支的投资和融资活动；现金及现金等价物净增加情况。

附表的各项目金额是相应会计账户的当期发生额或期末与期初余额的差额。它是现金流量表中不可或缺的一部分，其项目可以直接取相应会计账户的发生额或余额，具体内容见表 4-8 所述。

表 4-8　　　　　　　　　　　现金流量附表填列方法

项目	填列方法
净利润	取利润分配表"净利润"项目
计提的资产减值准备	取"资产减值损失"账户所属"计提的固定资产减值准备""计提的在建工程减值准备""计提的无形资产减值准备""投资收益"账户所属"计提的短期投资跌价准备""计提的长期投资减值准备"等明细账户的借方发生额 计提的资产减值准备＝本期计提的各项资产减值准备发生额累计数

项目	填列方法
固定资产折旧	取"制造费用""管理费用""销售费用""其他业务成本"等账户所属的"折旧费"明细账户借方发生额 固定资产折旧＝制造费用中折旧＋管理费用中折旧 或：＝累计折旧期末数－累计折旧期初数
无形资产摊销	取"管理费用"等账户所属"无形资产摊销"明细账户借方发生额 无形资产摊销 ＝无形资产（期初数－期末数） 或＝无形资产贷方发生额累计数
长期待摊费用摊销	取"制造费用""销售费用""管理费用"等账户所属"长期待摊费用摊销"明细账户借方发生额 ＝长期待摊费用（期初数－期末数） 或＝长期待摊费用贷方发生额累计数
处置固定资产、无形资产和其他长期资产的损失	取"营业外收入""营业外支出""其他业务收入""成本"等账户所属"处置固定资产净收益""处置固定资产净损失""出售无形资产收益""出售无形资产损失"等明细账户的借方发生额与贷方发生额的差额
固定资产报废损失	取"营业外支出"账户所属"固定资产盘亏"明细账户借方发生额与"营业外收入"账户所属"固定资产盘盈"贷方发生额的差额
财务费用	取"财务费用"账户所属"利息支出"明细账户借方发生额，不包括"利息收入"等其他明细账户发生额 ＝利息支出－应收票据的贴现利息
投资损失（减：收益）	取"投资收益"账户借方发生额，但不包括"计提的短期投资跌价准备""计提的长期投资减值准备"明细账户发生额
递延税款贷项（减：借项）	取"递延税款"账户期末、期初余额的差额 递延税款贷项（减：借项） ＝递延税款（期末数－期初数）
存货的减少（减：增加）	取与经营活动有关的"原材料""库存商品""生产成本"等所有存货账户的期初、期末余额的差额 ＝存货（期初数－期末数）

项目	填列方法
经营性应收项目的减少（减：增加）	取与经营活动有关的"应收账款""其他应收款""预付账款"等账户的期初、期末余额的差额 ＝应收账款（期初数－期末数）＋应收票据（期初数－期末数）＋预付账款（期初数－期末数）＋其他应收款（期初数－期末数）－坏账准备期末余额
经营性应付项目的增加（减：减少）	取与经营活动有关的"应付账款""预收账款""应付职工薪酬""应交税费""其他应交款""其他应付款"等账户的期末、期初余额的差额 ＝应付账款（期末数－期初数）＋预收账款（期末数－期初数）＋应付票据（期末数－期初数）＋应付职工薪酬（期末数－期初数）＋应交税费（期末数－期初数）＋其他应交款（期末数－期初数）
债务转为资本、1年内到期的可转换公司债券、融资租入固定资产	直接根据"实收资本""应付债券——可转换公司债券""长期应付款——应付融资租赁贷款"等账户分析填列
现金及现金等价物情况	现金的期末余额＝资产负债表"货币资金"期末余额； 现金的期初余额＝资产负债表"货币资金"期初余额； 现金及现金等价物的净增加额＝现金的期末余额－现金的期初余额

【例 4-2】承【例 4-1】，将净利润调节为经营活动现金流量各项目计算分析如下：

①净利润＝2 560 000－1 459 000－176 900（23 900＋68 300＋10 000＋20 000＋54 700）－43 500（21 500＋22 000）－28 000－82 100（42 000＋39 000＋1 100）＋44 460（42 000＋1 160＋1 300）＋142 300－19 400－185 220（172 920＋12 300）＝752 640（元）

②资产减值准备＝42 000＋39 000＝81 000（元）

③固定资产折旧＝20 000＋80 000＝100 000（元）

④无形资产摊销＝68 300（元）

⑤处置固定资产、无形资产和其他长期资产的损失（减：收益）＝－142 300

（元）

⑥固定资产报废损失＝19 400（元）

⑦财务费用＝利息支出－应收票据的贴现利息＝13 700－22 000＝－8 300

（元）

⑧投资损失（减：收益）＝－（42 000＋1 160＋1 300）＝－44 460（元）

⑨递延所得税资产减少＝0－12 300＝－12 300（元）

⑩存货的减少＝1 785 630－1 543 900＝241 730（元）

表4-9   现金流量附表   金额单位：元

补充资料	本期金额	上期金额
1. 将净利润调节为经营活动现金流量：		略
净利润	752 640	
加：计提的资产减值准备	81 000	
固定资产折旧	100 000	
无形资产摊销		
长期待摊费用摊销		
待摊费用减少（减：增加）		
预提费用增加（减：减少）		
处置固定资产、无形资产和其他长期资产的损失（减：收益）	－142 300	
固定资产报废损失	19 400	
财务费用	－8 300	
投资损失（减：收益）	－44 460	
递延税款贷项（减：借项）	－12 300	
存货的减少（减：增加）	241 730	
经营性应收项目的减少（减：增加）		
经营性应收项目的增加（减：减少）		
其他		
经营活动产生的现金流量净额	987 410	

补充资料	本期金额	上期金额
2. 不涉及现金收支的投资和筹资活动：		
债务转为资本		
一年内到期的可转换公司债券		
融资租入固定资产		
3. 现金及现金等价物净增加情况：		
现金的期末余额	6 349 000	
减：现金的期初余额	5 697 000	
加：现金等价物的期末余额		
减：现金等价物的期初余额		
现金及现金等价物净增加额	652 000	

CHAPTER
FIVE

第5章

所有者权益变动表编制

　　所有者权益亦称产权、资本，是指上市公司投资者对公司净资产的所有权。它表明公司的资产总额在抵偿了一切现存债务后的差额部分，包括公司所有者投入资金以及尚存收益等。从上市公司 2007 年开始，股东权益部分从原来的资产负债表中脱离出来，作为一张单独的报表——所有者权益变动表，成为必须与资产负债表、利润表和现金流量表并列披露的第四张财务报表。

5.1 所有者权益变动表内容与作用

1. 所有者权益变动表内容

所有者权益变动表内容包括"所有者权益组成项目"及"所有者权益及其组成项目变动情况"的信息。如图 5-1所示。

（1）所有者权益组成项目。

所有者权益的分类与报表使用者的需求相关，所有者权益必须区分各种投入资本的来源、股本交易产生的溢价及经营产生的权益等，其分类必须能反映

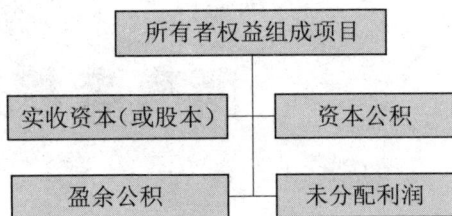

图 5-1 所有者权益组成项目

企业所有者拥有收取股利或收回资本的不同权利，也能指出法律或其他规定对于企业分配或使用权益的限制。一般而言，所有者权益的组成项目包括实收资本（或股本）、资本公积，盈余公积、未分配利润。

①实收资本（或股本）。

实收资本是指企业所有权者，即投资者按照企业章程或合同、协议的约定，实际投入到企业的资本。所有者向企业投入的资本，在一般情况下无须偿还，并可以长期周转使用。实收资本的构成比例即投资者的出资比例或股东的股份比例，是企业据以进行利润或股利分配的主要依据。

我国《公司法》规定，股东可以用货币出资，也可以用实物、知识产权、土地使用权等可以用货币估价并可以依法转让的非货币财产作价出资，但是，法律、行政法规规定不得作为出资的财产除外。企业应当对作为出资的非货币财产评估作价，核实财产，不得高估或者低估作价。法律、行政法规对评

估作价有规定的，从其规定。不论以何种方式出资，投资者如在投资过程中违反投资合约或协议约定，不按规定如期缴足出资额，企业可以依法追究投资者的违约责任。

②资本公积。

资本公积是企业收到投资者出资额超出其在注册资本（或股本）中所占份额的部分，以及其他资本公积。

形成资本溢价（或股本溢价）的原因有溢价发行股票、投资者超额缴入资本等。

其他资本公积是指除净损益、其他综合收益和利润分配以外所有者权益的其他变动。如企业的长期股权投资采用权益法核算时，因被投资单位除净损益、其他综合收益和利润分配以外所有者权益的其他变动，投资企业按应享有份额而增加或减少的资本公积。

此外，企业根据国家有关规定实行股权激励的，如果在等待期内取消了授予的权益工具，企业应在进行权益工具加速行权处理时，将剩余等待期内应确认的金额立即计入当期损益，并同时确认资本公积。

③盈余公积。

盈余公积是指企业按照规定从净利润中提取的各种资金的积累。按其用途分为一般盈余公积和公益金两类。一般盈余公积分为两种：法定盈余公积和任意盈余公积。法定盈余公积和任意盈余公积的主要目的是用于弥补亏损、转增资本、发放现金股利或利润，因为盈余公积从本质上由收益形成，属于资本增值部分。

法定公益金主要用于员工集体福利设施，不得用于转增资本或用于弥补亏损。盈余公积转增资本时，转增后留存的盈余公积的数额不得少于注册资本的 25%。

④未分配利润。

未分配利润是指企业实现的净利润经过弥补亏损、提取盈余公积和向投资者分配利润后留存于企业的、历年结存的利润。

（2）所有者权益及其组成项目变动情况。

所有者权益变动表为了表达所有者权益及其组成项目的变动情况，必须分项列明"上年年末余额""本年年初余额""本年增减变动金额（减少以'—'号填列）"及"本年年末余额"等资料。

2. 所有者权益变动表

所有者权益变动表的作用主要表现在以下 3 个方面：

（1）反映企业抵御财务风险的能力。

所有者权益是企业的自由资本，也是企业生产经营、承担债务责任、抵御财务风险的基础。企业经济实力的强弱变化受所有者权益的增减变动的直接影响。而所有者权益的增减主要来源于企业利润的增长，因此，企业的盈利能力可以间接的从所有者权益变动表中得到反映，报表使用者也可以从该表中了解到企业盈利能力方面的相关信息。

（2）揭示所有者权益变动的原因。

所有者权益变动的原因有很多，该表全面记录了影响所有者权益变动的各个因素的年初余额和年末余额。通过对比每个项目年末和年初余额以及各项目的构成比例的变化，揭示所有者权益变动的原因及过程，从而为报表使用者判断企业自有资本的质量、正确评价企业的经营管理工作提供信息。

（3）反映企业股利分配政策及现金支付能力。

在所有者权益变动表中，既可以看到资产负债表的项目内容（所有者权益），还可以看到利润表中的项目内容（净利润）以及利润分配表的内容。同时，公司的股利分配政策和现金支付能力决定了向股东支付股利的多少。而现金支付能力的信息又源于现金流量表。因此，所有者权益变动表通过反映利润分配情况，可以向投资人或潜在投资人提供有关股利分配政策和现金支付能力方面的信息，而且通过这一过程将资产负债表、利润表、现金流量以及所有者权益变动表有机地联系在一起，为报表使用者全面评价企业的经营成果、财务状况和企业发展能力提供了全面的信息。

5.2　所有者权益变动表的基本架构与格式

根据财务报表列报准则的规定，企业需要提供比较所有者权益变动表，因此，所有者权益变动表还就各项目再分为"本年金额"和"上年金额"两栏分别填列。

所有者权益变动表属于动态的报表，包括表首、正表两部分。其中，表首说明报表名称、编制单位、编制日期、报表编号、货币名称、计量单位等。正表是所有者权益变动表的主体，具体说明所有者权益变动表的各项内容。其基本格式见表5-1。

表 5-1 　　　　　　　　　　　　　　　所有者权益变动表

编制单位：　　　　　　　　年度：　　　　　　　　　　　　　　　单位：元

项　　目	行次	本年金额									上年金额								
		实收资本（或股本）	其他权益工具			资本公积	减：库存股	盈余公积	未分配利润	所有者权益合计	实收资本（或股本）	其他权益工具			资本公积	减：库存股	盈余公积	未分配利润	所有者权益合计
			优先股	永续债	其他							优先股	永续债	其他					
一、上年年末余额																			
1. 会计政策变更																			
2. 前期差错更正																			
3. 其他																			
二、本年年初余额																			
三、本年增减变动金额（减少以"－"号填列）																			
（一）综合收益总额																			
（二）所有者投入和减少资本																			
1. 所有者投入普通股																			
2. 其他权益工具持有者投入资本																			
3. 股份支付计入所有者权益的金额																			
4. 其他																			
（三）本年利润分配																			
1. 提取盈余公积																			

项　　目	行次	本年金额									上年金额								
		实收资本（或股本）	其他权益工具			资本公积	减:库存股	盈余公积	未分配利润	所有者权益合计	实收资本（或股本）	其他权益工具			资本公积	减:库存股	盈余公积	未分配利润	所有者权益合计
			优先股	永续债	其他							优先股	永续债	其他					
2. 对所有者或股东的分配																			
3. 其他																			
（四）所有者权益内部结转																			
1. 资本公积转增资本（或股本）																			
2. 盈余公积转增资本（或股本）																			
3. 盈余公积弥补亏损																			
4. 设定受益计划变动额 结转留存收益																			
5. 其他																			
四、本年年末余额																			

5.3　所有者权益变动表的编制方法

所有者权益变动表各项目均需填列"本年金额"和"上年金额"两栏。

所有者权益变动表各项目的列报说明，见表5-2。

表 5-2　　　　　　　　　　　　　　**所有者权益变动表各项目的列报说明**

项　目	说　明
"上年金额"项目	应根据上年度所有者权益变动表"本年金额"栏内所列数字填列。如果上年度所有者权益变动表规定的各个项目的名称和内容同本年度不相一致，应对上年度所有者权益变动表各项目的名称和数字按本年度的规定进行调整，填入所有者权益变动表"上年金额"栏内
"本年金额"项目	所有者权益变动表"本年金额"栏内各项数字一般应根据"实收资本（或股本）""资本公积""盈余公积""利润分配""库存股""以前年度损益调整"等科目的发生额分析填列。企业的净利润及其分配情况作为所有者权益变动的组成部分，不需要单独设置润分配表列示
"本年增减变动额"项目	"净利润"项目 反映企业当年实现的净利润（或净亏损）金额，并对应列在"未分配利润"栏
	"其他综合收益"项目 根据《企业会计准则》规定，当年未在损益中确认的各项利得和损失扣除所得税影响后的净额，并对应列在"资本公积"栏
	"净利润"和其他综合收益小计 反映企业当年实现的净利润（或净亏损）金额和当年计入其他综合收益金额的合计额
	"所有者投入和减少资本"项目 反映企业当年所有者投入的资本和减少的资本。其中："所有者投入资本"项目，反映企业接受投资者投入形成的实收资本（或股本）和资本溢价（或股本溢价），并对应列在"实收资本"和"资本公积"栏。"股份支付计入所有者权益的金额"项目，反映企业处于等待期中的权益结算的股份支付当年计入资本公积的金额，并对应列在"资本公积"栏
	"利润分配"下各项目 反映当年对所有者（或股东）分配的利润（或股利）金额和按照规定提取的盈余公积金额，并对应列在"未分配利润"和"盈余公积"栏

项　目		说　明
"本年增减变动额"项目	"利润分配"下各项目	其中：①"提取盈余公积"项目，反映企业按照规定提取的盈余公积。 ②"对所有者（或股东）的分配"项目，反映对所有者（或股东）分配的利润（或股利）金额
	"所有者权益内部结转"下各项目	反映不影响当年所有者权益总额的所有者权益各组成部分之间当年的增减变动，包括资本公积转增资本（或股本）、盈余公积转增资本（或股本）、盈余公积弥补亏损等项目的金额。 其中：①"资本公积转增资本（或股本）"项目，反映企业以资本公积转增资本或股本的金额。 ②"盈余公积转增资本（或股本）"项目，反映企业以盈余公积转增资本或股本的金额。 ③"盈余公积弥补亏损"项目，反映企业以盈余公积弥补亏损的金额

5.4　所有者权益变动表的编制实例

【例 5-1】慈灵制造有限公司 2017 年有关所有者权益账户年初余额基本年增减变动情况及原因见表 5-3。据此编制所有者权益（股东权益）变动表见表 5-4（上年金额略）。

表 5-3　　　　　　　有关所有者权益账户 2017 年内变动情况及原因　　　　　单位：元

账户	年初余额	本年增加及原因	本年减少及原因	年末余额
实收资本	78 450 000	盈余公积转入 386 000		78 836 000
资本公积	789 400	股份支付计入所有者权益 160 320		949 720
盈余公积	840 000	从净利润中提取 274 530	转增资本 380 000	734 530
未分配利润	360 000	实现净利润 6 293 500	提取盈余公积 274 530，分派股利 4 442 600	1 936 370
合　　计	80 439 400			82 456 620

表 5-4

所有者权益变动表

编制单位：慈灵制造有限公司　年度：2017　　　　　　　　　　　　　　　　　　　　　　　　单位：元

项目	行次	本年金额						上年金额（略）					
		实收资本（或股本）	资本公积	盈余公积	未分配利润	库存股（减项）	所有者权益合计	实收资本（或股东）	资本公积	盈余公积	未分配利润	库存股（减值）	所有者权益合计
一、上年年末余额		78 450 000	789 400	840 000	360 000		80 439 400						
加：会计政策变更													
前期差错更正													
二、本年年初余额		78 450 000	789 400	840 000	360 000		80 439 400						
三、本年增减变动金额（减少以"-"号填列）		386 000	160 320	−105 470	1 576 370		2 017 220						
（一）综合收益总额													
（二）所有者投入和减少资本													

项目	行次	本年金额						上年金额（略）					
		实收资本（或股本）	资本公积	盈余公积	未分配利润	库存股（减项）	所有者权益合计	实收资本（或股东）	资本公积	盈余公积	未分配利润	库存股（减值）	所有者权益合计
1. 所有者投入普通股													
2. 其他权益工具持有者投入资本													
3. 股份支付计入所有者权益的金额			160 320				160 320						
4. 其他													
（三）本年利润分配					6 293 500		6 293 500						
1. 提取盈余公积				274 530			274 530						
2. 对所有者或股东的分配					4 442 600		4 442 600						
3. 其他													

续上表

项目	行次	本年金额						上年金额（略）					
		实收资本（或股本）	资本公积	盈余公积	未分配利润	库存股（减项）	所有者权益合计	实收资本（或股东）	资本公积	盈余公积	未分配利润	库存股（减值）	所有者权益合计
（四）所有者权益内部结转													
1. 资本公积转增资本（或股本）													
2. 盈余公积转增资本（或股本）		380 000		380 000									
3. 盈余公积弥补亏损													
4. 设定受益计划变动额结转留存受益													
5. 其他													
四、本年年末余额		78 836 000	949 720	734 530	1 936 370		82 456 620						

· 73 ·

CHAPTER
SIX

第*6*章
编制会计报表附注

会计报表附注是会计报表的重要组成部分，是对会计报表本身无法或难以充分表达的内容和项目所作的补充说明和详细解释。

6.1 会计报表附注的编制

1. 会计报表附注的编制形式

会计报表附注的编制形式灵活多样，常见的有以下五种，见表 6-1。

表 6-1 会计报表附注编制形式

项　　目	说　　明
尾注说明	一般适用于说明内容较多的项目
括号说明	此种形式常用于为会计报表主体内提供补充信息，因为它把补充信息直接纳入会计报表主体，所以比起其他形式来，显得更直观，不易被人忽视
备抵账户与附加账户	设立备抵与附加账户，在会计报表中单独列示，能够为会计报表使用者提供更多的信息，这种形式目前主要是指坏账准备等账户的设置
脚注说明	指在报表下端进行的说明，例如，说明已贴现的商业承兑汇票和已包括在固定资产原价内的融资租入的固定资产原价等
补充说明	有些无法列入会计报表主体中的详细数据、分析资料，可用单独的补充报表进行说明，比如，可利用补充报表的形式来揭示关联方的关系和交易等内容

2. 会计报表附注的主要内容

（1）企业集团的基本情况。

企业集团的基本情况包括企业的工商注册资本，单位办公地址，法定代表人，财务负责人，企业期末人数，单位业务管辖地区，单位主营等。

（2）会计报表的编制基础。

企业是以持续经营为基础，根据实际发生的交易和事项，按照《企业会计制度》及其他相关会计准则的规定进行确认和计量，在此基础上编制会计报表。

（3）遵循企业会计准则的声明。

即该单位是否执行新的《企业会计准则》，会计报表的编制是否符合《企业会计制度》及其他相关会计准则的要求，真实、完整、公允地反映了企业的财务状况、经营成果和现金流量等有关信息。

（4）重要会计政策和会计估计的披露。

重要会计政策和会计估计的披露内容，见表 6-2。

表 6-2　　　　　　　　　重要会计政策和会计估计的披露事项

编号	项　　目	编号	项　　目
1	执行的会计制度	10	应收款项的核算包括坏账的核算方法、坏账确认的标准
2	会计期间	11	存货的核算，包括存货分类、存货的计价、存货的盘存制度、存货的清查制度
3	记账本位币	12	长期投资的核算，包括长期投资的初始成本的确定、后续计量方法、减值准备的确认标准和计提方法等
4	记账基础和计价原则（计量属性），例如某单位会计核算以权责发生制为记账基础，以历史成本为计价原则。资产如果发生减值，则按照相关规定计提相应的减值准备	13	固定资产的核算，包括固定资产确认的标准、计价、分类及折旧方法、分类固定资产的折旧率及固定资产的清查等
5	外币业务的核算方法及折算方法	14	在建工程的计价方法以及减值准备的计提方法等
6	现金及现金等价物的确定标准	15	无形资产的计价方法、摊销政策、减值准备的计提方法等
7	短期投资	16	预计负债的确认原则
8	收入的确认原则	17	缴税情况
9	利润分配政策	18	报表的编制方法

（5）会计政策和会计估计变更以及差错更正的说明。

（6）报表重要项目的说明。

该项需要按照资产负债表、利润表、现金流量表、所有者权益变动表及其项目列示的顺序，采用文字和数字描述相结合的方式进行披露。报表重要项目的明细金额合计，应当与报表项目金额相衔接。具体披露项目可根据单位实际情况进行增加或减少

（7）或有事项。

（8）资产负债表日后事项。

（9）关联方关系及交易。

（10）风险管理包括资产抵押情况、对外担保情况、企业从事房地产开发业务占用资金和效益情况、企业从事证券、期货等高风险业务情况。

6.2　会计报表附注实例

同业电子有限公司会计报表附注：

同业电子有限公司
2019 年度会计报表附注

一、企业集团的基本情况

同业电子有限公司系经广州市白云区工商行政管理局批准，于 2001 年 7 月 1 日，取得 4343657 号企业法人营业执照，注册资本 5 000 万元。单位办公地址：广州市白云区白云路 302 号，法定代表人顾芳，财务负责人陈晓，企业期末职工人数 234 人。

单位主营：电子设备

本会计报表，为本单位和上述所属单位的合并（汇总）报表，全面反映本单位的财务状况、经营成果和资金变动情况。

二、财务报表的编制基础

以持续经营为基础，根据实际发生的交易和事项，按照《企业会计制度》及其他相关会计准则的规定进行确认和计量，在此基础上编制本财务报表。

三、遵循企业会计准则的声明

本单位尚未执行新的《企业会计准则》。

本财务报表的编制符合《企业会计制度》及其他相关会计准则的要求，真实、完整、公允地反映了企业的财务状况、经营成果和现金流量等有关信息。

四、重要会计政策和会计估计

1. 执行的会计制度

本单位执行《企业会计制度》及其他补充规定。

2. 会计期间

采用公历制，即自公历 1 月 1 日起至 12 月 31 日止。

3. 记账本位币

采用人民币为记账本位币。

4. 记账基础和计价原则（计量属性）

本单位会计核算以权责发生制为记账基础，以历史成本为计价原则。资产如果发生减值，则按照相关规定计提相应的减值准备。

5. 现金及现金等价物的确定标准

本单位将所持有的企业库存现金以及可以随时用于支付的存款，包括现金、可以随时用于支付的银行存款和其他货币资金确定为现金；将所持有的期限短、流动性强、易于转换为已知金额现金、价值变动风险很小的投资确定为现金等价物。

6. 短期投资

本单位短期投资是指能够随时变现并且持有时间不准备超过 1 年（含 1 年）的投资，包括股票、债券、基金等。短期投资以取得时的实际成本计价。年末以成本与市价孰低计价，市价低于成本按单项投资的成本与市价的差额计提短期投资跌价准备。短期投资持有期间所获得的现金股利或利息等，以实际收到的金额（取得时已计入应收项目除外）冲减投资成本。处置短期投资时，按收到的处置收入与短期投资账面价值的差额确认为当期损益。

7. 应收款项

（1）本单位采用备抵法核算坏账损失。本单位对年末应收款项（包括应收账款和其他应收款）采用账龄分析法和个别认定法计提坏账准备。

（2）采用账龄分析法计提坏账准备的比例如下：

账龄在 1 年以内的应收款项，不计提坏账准备；

账龄在 1 年及其以上，2 年以内的应收款项，按该类应收款项账面余额 5% 的比例计提坏账准备；

账龄在 2 年及其以上，3 年以内的应收款项，按该类应收款项账面余额的 10％的比例计提坏账准备；

账龄在 3 年及其以上，5 年以内的应收款项，按该类应收款项账面余额的 30％的比例计提坏账准备；

账龄在 5 年及其以上的应收款项，全额计提坏账准备，但《企业会计制度》规定不能全额计提坏账准备的情况除外。

8. 存货

（1）本单位的存货主要分为运营单位一般材料、工业单位存货、附低值易耗品、包装物以及未完工的代办工作支出等。

（2）存货采用计划成本法核算，发出或领用时按计划成本结转，月末结转成本差异，将计划成本调整为实际成本。低值易耗品和包装物采用一次摊销法进行摊销。

（3）存货的盘存制度：采用永续盘存制。

（4）本单位年末对存货进行全面清查，对存货市价持续下跌超过半年，并且在可预见的下一个会计期间内无回升的希望；因铁路运输专用设备更新换代，库存的专用原材料已不适应新设备的需要，而该原材料的市场价格又低于其账面成本；其他足以证明该项存货实质上已经发生减值的情形的存货计提存货跌价准备。计提时，按单个存货项目（对数量繁多、单价较低的存货按存货类别计量）的成本与可变现净值的差额确认存货跌价准备。

9. 固定资产

（1）固定资产标准。

使用期限在一年以上的房屋建筑物、机器、机械、运输工具以及其他与生产经营有关的设备、器具、工具等。不属于生产经营主要设备的物品，单位价值在 2 000 元以上，并且使用年限超过两年的，也作为固定资产核算。

（2）固定资产计价。

外购、自建固定资产按实际成本计价，投资转入的固定资产以评估确认或者合同约定的价值记账。

（3）固定资产分类及折旧方法。

采用直线法分类计提折旧。

各类固定资产的折旧年限、预计残值率和年折旧率。

固定资产类别	折旧年限	预计残值率（%）	年折旧率（%）
房屋			
其中：一般房屋	20	5	4.75
生产用房	20	5	4.75
办公用房	20	5	4.75
简易房	10	2	9.8
机械动力设备	10	5	9.5
运输启动设备	10	5	9.5
传导设备	10	5	9.5
电气化供电设备、仪器仪表	4	5	9.5
工具及器具、信息技术设备	5	5	1

10. 无形资产

（1）无形资产计价。

本单位购入的各种无形资产，按取得时的实际成本入账；其他单位投资转入的无形资产，以评估确认或合同约定的价值记账。

（2）无形资产摊销政策。

无形资产自取得当月起按相关合同规定的受益年限和法律规定的有效年限孰短的原则在期限内分期摊销。如果合同未规定受益年限、法律亦无规定有效年限的，按不超过 10 年期限平均摊销。

（3）本单位年末对无形资产进行逐项检查，当存在以下情形时，计提无形资产减值准备：

①某项无形资产已被其他新技术等所替代，使其为企业创造经济利益的能力受到重大不利影响；

②某项无形资产的市价在当期大幅下跌，在剩余摊销年限内预期不会恢复；

③某项无形资产已超过法律保护期限，但仍然具有部分使用价值；

④其他足以证明某项无形资产实质上已经发生了减值的情形。

11. 借款费用

为购建固定资产而发生专门借款所产生的利息、辅助费用及汇兑损益等借款费用，在资产支出及借款费用已经发生、并且为使资产达到预定可使用状态所必要的购建活动已经开始时，开始资本化并计入该资产的成本。当购建的固定资产达到预定可使用状态时停止资本化，其后发生的借款费用计入当期损益。

专门借款费用中每期利息费用，按当期购建固定资产累计支出加权平均数与相关借款的加权平均利率，在不超过当期专门借款实际发生的利息费用的范围内，确定资本化金额。其他借款发生的借款费用，于发生时计入当期财务费用。

12. 收入确认原则

（1）营业收入。

按照《企业会计准则——收入》原则确认。

（2）销售商品。

对已将商品所有权上的主要风险或报酬转移给购货方，不再对该商品实施继续管理权和实际控制权，相关的收入已经取得或取得了收款的凭据，且与销售该商品有关的成本能够可靠地计量时，确认商品销售收入的实现。

（3）提供劳务。

对同一会计年度内开始并完成的劳务，在完成劳务时确认收入；对劳务的开始和完成分属不同的会计年度，在提供劳务交易的结果能够可靠估计的情况下，在资产负债表日按完工百分比法确认收入。

（4）让渡资产使用权。

与资产使用权让渡相关的经济利益能够流入及收入的金额能够可靠地计量时确认收入。

13. 税项

（1）缴纳的主要税种和执行的税率如下：

税　　种	税　率（%）	备　　注
增值税	17	
消费税	20	
城市维护建设税	7	
教育费附加	3	
所得税	25	

（2）企业所得税采用应付税款法进行会计处理。

注：上述内容未考虑的会计政策，包括委托贷款、应付债券、递延收益、建造合同、租赁等，企业根据自身实际增加。

14. 利润分配政策

依据规定，2016 年度的净利润分配比例是：提取 10％法定盈余公积；提取 5％任意盈余公积。

五、会计政策和会计估计变更以及差错更正的说明

1. 会计政策变更

(1) 会计政策变更的性质、内容和原因。

(2) 当期和各个列报前期财务报表中受影响的项目名称和调整金额。

(3) 无法进行追溯调整的，说明该事实和原因以及开始应用变更后的会计政策的时点、具体应用情况。

2. 会计估计变更

(1) 会计估计变更的内容和原因。

(2) 会计估计变更对当期和未来期间的影响数。

(3) 会计估计变更的影响数不能确定的，披露这一事实和原因。

3. 前期差错更正

(1) 前期差错的性质。

(2) 各个列报前期财务报表中受影响的项目名称和更正金额。

(3) 无法进行追溯重述的，说明该事实和原因以及对前期差错开始进行更正的时点、具体更正情况。

六、报表重要项目的说明（除特别注明者外，金额单位为人民币元）

注：企业对报表重要项目的说明，应当按照资产负债表、利润表、现金流量表、所有者权益变动表及其项目列示的顺序，采用文字和数字描述相结合的方式进行披露。报表重要项目的明细金额合计，应当与报表项目金额相衔接。具体披露项目可根据单位实际情况进行增加或减少。

1. 货币资金　期末余额<u>254 000</u>元

项　目	期末余额			期初余额		
	原币	折合率	折合人民币	原币	折合率	折合人民币
现　金						
人民币	5 400			1 000		
港　币						

项　　目	期末余额			期初余额		
	原币	折合率	折合人民币	原币	折合率	折合人民币
美　元						
小　计						
银行存款						
人民币	189 400			131 200		
港　币						
美　元						
小　计						
其他货币资金						
人民币	59 700			13 800		
港　币						
美　元						
小　计						
合　计	254 500			146 000		

注：若有其他不同币种可以增加改动。

2. 短期投资　期末净额189 400元

（1）短期投资期末余额：

类　　别	期初余额	本期增加	本期减少	期末余额	期末市价
股权投资	189 400	——	——	189 400	
其中：股票投资					
债权投资					
（1）国债投资					
（2）其他债权					
其他短期投资					
合　计	189 400			189 400	

注：（1）对重大的投资净损益项目应单独说明；
（2）短期投资期末余额占净资产的 5%。

（2）短期投资跌价准备：

单位：元

项　　目	年初余额	本年增加数	本年减少数			年末余额
			因资产价值回升转回数	其他原因转出数	合计	
短期投资跌价准备合计	0	0				0
其中：股票投资						
债券投资						

3. 存货　期末净额4 318 100元

（1）具体构成如下：

单位：元

项　　目	期初余额	本年增加	本年减少	期末余额
无线电罗盘	118 910	5 484 000	2 112 910	3 490 000
定向设备	1 235 000	581 000	987 900	828 100
合计				4 318 100

（2）存货跌价准备37 260元

项目	年初账面余额	本年计提额	本年减少数			年末账面余额
			转回	转销	合计	
无线电罗盘	37 260	23 810	0	0	0	13 450
合计						13 450

4. 应收票据　期末余额713 882元

票据种类	年末账面余额	年初账面余额
银行承兑汇票	479 732	341 385
商业承兑汇票	234 150	119 480
合　计	713 882	460 865

5. 应收账款　期末净额2 569 860 元

账　　龄	期末余额		期初余额	
	金额	坏账准备	金额	坏账准备
1 年以内	5 340 000	104 790	1 847 000	55 410
1—2 年（含 2 年）	237 000	7 110	115 780	34700
2—3 年（含 3 年）	108 000	3 240	198 500	5 955
3—5 年（含 5 年）				
5 年以上				
合　计	5 685 000	115 140	2 161 280	96 065

注：金额减坏账准备等于净额。

6. 其他应收款　期末净额260 675.86 元

账　　龄	期末余额		期初余额	
	金　额	坏账准备	金　额	坏账准备
1 年以内	119 780	3 593.4	141 152	4 234.56
1—2 年（含 2 年）	148 958	4 468.74	79 390	2 381.7
2—3 年（含 3 年）				
3—5 年（含 5 年）				
5 年以上				
合　计	268 738	8 062.14	220 542	6 616.26

7. 预付账款　期末余额370 540 元

账　　龄	期末余额	比例％	期初余额	比例％
1 年以内	345 800	93.32％	478 500	53.26％
1—2 年（含 2 年）	24 740	6.68％	419 890	46.74％
2—3 年（含 3 年）				
3—5 年（含 5 年）				
5 年以上				
合　　计	370 540		898 390	

8. 其他流动资产　期末余额___0___元

项　　目	年末账面价值	年初账面价值
合　计		

9. 长期债权投资　期末净额357 000元

债券种类	初始投资成本	到期日	面值	年利率	本期利息	累计应收或已收利息
2017 国库券	340 000	2020	340 000	5%	17 000	17 000
合　计	340 000		340 000		17 000	17 000

10. 固定资产及累计折旧

（1）固定资产原值　期末余额42 077 320元

①按使用情况划分：

使用情况	期初余额	本期增加	本期减少	期末余额
在用固定资产	42 195 820	0	118 500	42 077 320
未使用固定资产				
不需用固定资产				
合　计	42 195 820	0	118 500	42 077 320

②按固定资产类别构成划分：

固定资产类别	期初余额	本期增加	本期减少	期末余额
厂房	11 580 000	0	0	11 580 000
机械动力设备	897 000	0	0	897 000
运输启动设备	8 497 410	0	0	8 497 410
传导设备	247 000	0	0	247 000
电气化供电系统	4 850 000	0	0	4 850 000
仪器仪表	6 948 000	0	0	6 948 000
工具及器具	7 491 000	0	0	7 491 000
信息技术设备	1 685 410	0	118 500	1 566 910

固定资产类别	期初余额	本期增加	本期减少	期末余额
土地				
其他				
合　计	42 195 820			42 077 320

（2）累计折旧　期末余额 7 105 459.9 元

固定资产类别	期初余额	本期增加	其中：当年计提折旧	本期减少	期末余额
厂房	2 779 200	550 050	550 050	0	3 329 250
机械动力设备	426 075	85 215	85 215		511 290
运输启动设备	4 036 269.75	807 253.95	807 253.95	0	4 843 523.7
传导设备	117 325	23 465	23 465	0	140 790
电气化供电系统	921 500	460 750	460 750	0	1 382 250
仪器仪表	1 320 120	660 060	660 060	0	1 980 180
工具及器具	149 820	74 910	74 910		224 730
信息技术设备	33 708.2	16 854.1	16 854.1		50 562.3
土地					
其他					
合　计	9 784 017.95	2 678 558.05	2 678 558.05		7 105 459.9

（3）固定资产减值准备　期末余额　0　元

固定资产类别	期初余额	本期增加	本期减少	期末余额
房屋				
建筑物				
机械动力设备				
运输启动设备				
传导设备				
电气化供电系统				
仪器仪表				
工具及器具				

固定资产类别	期初余额	本期增加	本期减少	期末余额
信息技术设备				
土地				
其他				
合　计				

（4）固定资产净额30 159 319元

项　　目	年初余额	本年增加数	本年减少数	年末余额
房屋	8 800 800	—	550 050	8 250 750
机械动力设备	470 925		85 215	811 785
运输启动设备	4 461 140.25		807 253.95	3 653 886.3
传导设备	129 675		23 465	106 210
电气化供电系统	3 928 500		460 750	3 467 750
仪器仪表	5 627 880		660 060	4 967 820
工具及器具	7 341 180		74 910	7 266 270
信息技术设备	1 651 701.8		16 854.1	1 634 847.7
其他				
合　计	32 411 802.05		2 678 558.05	30 159 319

11. 无形资产

期末净额239 250元

项　　目	年初账面余额	本年增加额	本年减少额	年末账面余额
一、原价合计	478 500	0	0	478 500
1.				
………				
二、累计摊销额合计	239 250		287 100	
1.				
………				

项　　目	年初账面余额	本年增加额	本年减少额	年末账面余额
三、无形资产减值准备累计金额合计	0			
1.				
……				
四、无形资产账面价值合计	239 250			239 250
1.				
……				

12. 应付账款　期末余额<u>5 751 400</u>元

（1）按账龄列示如下：

账　　龄	期末余额	比例%	期初余额	比例%
1年以内	5 413 000	94.12%	412 000	62.30%
1—2年（含2年）	134 800	2.34%	115 600	17.48%
2—3年（含3年）	119 400	2.08%	83 700	12.65%
3—5年（含5年）	84 200	1.46%	50 000	7.54%
5年以上				
合　计	5 751 400		661 300	

（2）分单位列示100万元以上主要债权人（至少应披露前十位）：（略）

债权单位名称	债务单位名称	经济内容	金　　额	发生时间（年月）
合　　计				

（3）账龄超过3年的应付账款_____元，占期末余额的　%，按债务人逐笔列示如下：（略）

债权人名称	债务人名称	期末余额	款项内容	备　　注
合　　计				

13. 其他应付款　期末余额<u>187 000</u>元

（1）按账龄列示如下：

账　龄	期初余额	比例%	期末余额	比例%
1年以内	102 000	33.12%	80 000	42.78%
1—2年（含2年）	84 000	27.27%	52 000	27.81%
2—3年（含3年）	72 000	23.37%	31 000	16.58%
3—5年（含5年）	50 000	16.24%	24 000	12.83%
5年以上				
合　　计	308 000		187 000	

（2）分单位列示100万元以上主要债权人（至少应披露前十位）：（略）

债权单位名称	债务单位名称	经济内容	金额	发生时间（年月）
合　　计				

（3）账龄超过3年的其他应付款_____元，占期末余额的　%，按债务人逐笔列示如下：（略）

债权人名称	债务人名称	期末余额	款项内容	备　注
合　　计				

14. 预收账款　期末余额<u>54 000</u>元

（1）账龄分析如下：

账　龄	期初余额	比例%	期末余额	比例%
1年以内	30 000	37.5%	24 000	44.44%
1—2年（含2年）	50 000	62.5%	30 000	55.55%
2—3年（含3年）				
3—5年（含5年）				
5年以上				
合　　计	80 000		54 000	

（2）分单位列示 100 万元以上主要债务人（至少应披露前十位）：

债权人名称	债务人名称	期末余额	账龄	款项内容	占预付账款期末余额比例（％）
合　计					

15. 职工薪酬

（1）应付职工薪酬　期末余额<u>274 470</u>元。

项　　目	年初账面余额	本年增加额	本年支付额	年末账面余额
一、工资、奖金、津贴和补贴	115 400		1 238 000	149 500
二、职工福利费	16 156		149 000	23 400
三、社会保险费	123 100		103 200	14 900
其中：1. 医疗保险费	—		—	—
2. 基本养老保险费	—		—	—
3. 年金缴费	—		—	—
4. 失业保险费	—		—	—
5. 工伤保险费	—		—	—
6. 生育保险费	—		—	—
四、住房公积金	89 400		193 000	75 470
五、工会经费和职工教育经费	28 500		34 900	11 200
六、非货币性福利	—		—	—
七、因解除劳动关系给予的补偿				
八、其他				
其中：以现金结算的股份支付	—		—	—
合　　计	372 556		1 718 100	274 470

（2）企业本年为职工提供的各项非货币性福利形式、金额及其计算依据。

16. 应交税费　期末余额 <u>127 980</u> 元

税　种	上期欠（多）缴	本年应缴	本年已缴	年末欠（多）缴	备注
1. 消费税	34 900	58 700	73 500	20 100	
2. 增值税	148 900	249 000	308 000	89 900	
3. 城建税	18 900	29 400	30 900	17 400	
4. 教育费附加	9 230	11 980	12 400	8 810	
5. 所得税	208 710	349 000	507 800	－264 190	
6. 其他					
合　计				－127 980	

17. 其他流动负债　期末余额 ＿＿＿＿＿ 元

项　目	年末账面余额	年初账面余额
1.		
……		
合　计		

18. 长期借款　期末余额 32 500 000 元

（1）按借款单位列示如下（货币单位：万元）：

债务人名称	借款银行（单位）名称	借款金额	期末余额	借款起始日期	借款到期日期	年利率（％）	逾期金额
慈灵制造有限公司	工商银行	32 500 000		2016.1.1 至 2020.12.31	2020.12.31	6.8%	
	合　计						

注：逾期借款占长期借款期末余额的比例为　　％。

19. 实收资本　期末余额50 000 000元

按项目列示如下：

项　　目	金　　额
期初数	50 000 000
本期增加数	0
1. 基建正式转产	0
2. 基建估价入账资产	0
3. 冲回基建估价入账资产	0
4. 冲回其他暂估入账固定资产	0
5. 其他暂估入账固定资产	0
6. 资本公积转增	0
7. 盈余公积转增	0
8. 利润分配转入	0
9. 其他	0
本年减少数	0
期末数	50 000 000

注：本表中的"其他"项应进一步说明具体情况（未说明的项目金额不应超过100万元）。

20. 资本公积　期末余额118 900元

项　　目	金　　额
期初数	118 900
本年增加数	—
1. 资本溢价	—
2. 接受捐赠非现金资产准备	—
3. 接受现金捐赠	—
4. 拨款转入	—
5. 其他	—

项　　目	金　　额
本年减少数	—
1. 转增资本	—
2. 移交划转	—
3. 其他	—
期末数	118 900

注：本表中的"其他"项应进一步说明具体情况（未说明的项目金额不应超过100万元）。

21. 盈余公积　期末余额34 300元

项　　目	法定盈余公积	任意盈余公积
期初数	299 800	124 500
本年增加数	805 862.81	402 931.41
1. 从净利润中提取	805 862.81	
2. 其他		
本年减少数		
1. 弥补亏损		
2. 移交划转		
3. 其他		
期末数	1 105 662.81	527 431.41

注：①本表中的"其他"项应进一步说明具体情况（未说明的项目金额不应超过100万元）。

②对于所有者权益部分的转增、弥补等业务，项目之间应钩稽一致。

22. 未分配利润　期末余额933 300元

项　　目	本年数	备　　注
本年净利润	8 058 628.13	
加：年初未分配利润	346 800	
盈余公积补亏		

项　　目	本年数	备　　注
其他调整因素		
减：提取法定盈余公积	8 058 628.13	
提取任意盈余公积金	402 931.41	
应付投资者利润		
转作资本		
其他		
年末未分配利润	7 214 633.91	

注：本表中的"其他"项应进一步说明具体情况（未说明的项目金额不应超过100万元）。

23. 营业收入　本期发生额21 960 000元

项　　目	本年发生额	上年发生额
1. 主营业务收入	24 800 000	（略）
2. 其他业务收入	4 360 000	
合　　计	29 160 000	

24. 营业成本　本期发生额997 000元

项　　目	本年发生额	上年发生额
1. 主营业务成本	7 800 000	（略）
2. 其他业务成本	2 170 000	
合　　计	8 017 000	

25. 管理费用　本期发生额599 812.5元

按主要项目列示如下：

费用项目	上期发生数	本期发生数
工资		117 500
福利费		16 450
工会经费		23 500

费用项目	上期发生数	本期发生数
职工教育经费		2 937.5
失业保险费		3 525
养老保险费		32 900
住房公积金		16 450
医疗保险费		11 750
办公费		48 500
差旅费		108 000
管理用设备大修		87 900
管理用设备折旧		72 400
其他		58 000
合　计		599 812.5

注：上述内容可按管理费用的报表项目进行调整。

26. 财务费用　本期发生额<u>252 950</u>元

按项目列示如下：

费用项目	上期发生额	本期发生额
利息支出		198 120
其中：按实收资本负担的利息		
设备贷款利息		
减：利息收入		
加：其他财务费用		54 830
合　计		252 950

27. 投资收益　本期发生额_____元

（1）按投资类型列示如下：

项目明细	上期发生额	本期发生额
短期投资收益		
其中：（1）股利收益		

项目明细	上期发生额	本期发生额
（2）利息收益		
（3）处置短期投资收益（或损失）		
长期债权投资收益		
其中：（1）利息收益		
（2）债权投资处置收益（或损失）		
长期股权投资收益		
其中：（1）成本法核算股权投资收益		
（2）权益法核算股权投资收益（或损失）		
（3）股权投资处置收益（或损失）		
其他投资收益（或损失）		
合　计		

（2）按收益类型列示如下：

收益类型	本期发生额	上期发生额
股票投资收益		
债券投资收益		
其他投资收益		
非控股按权益法计入利润		
合　计		

28. 营业外收入　本期发生额64 300元

按主要项目列示如下：

项　　目	上期发生数（略）	本期发生数
固定资产盘盈		
处置固定资产净收益		

项　　目	上期发生数（略）	本期发生数
不需承付的应付款转入		
罚款收入		64 300
教育费附加返还款		
政府补助（补贴收入）		
其他		
合　计		64 300

注：对政府补助（补贴收入）的种类及金额应做进一步说明。

　　"其他"金额较大的应做进一步说明。

29. 营业外支出　本期发生额20 700元

按主要项目列示如下：

项　　目	上期发生数（略）	本期发生数
固定资产盘亏		
处置固定资产净损失		
罚款支出		
非常损失		
捐赠支出		
营业外单位支出		20 700
移交单位的经费补助支出		
非货币性交易损失		
债务重组损失		
其他		
合　计		20 700

注："其他"金额较大的应做进一步说明。

30. 应纳税所得额调整事项如下（略）：

调整所得项目	调整金额	备 注
一、调增所得项目		
1. 超标准工资支出		
2. 超标准的职工福利费		
3. 超标准的职工教育经费		
4. 超标准的工会经费		
5. 超标准借款利息		
6. 超标准交际应酬费		
7. 超标准公益性捐赠支出		
8. 非公益性捐赠支出		
9. 税收滞纳金、罚金、罚款		
10. 各种赞助支出、会费		
二、调减所得项目		
1. 弥补以前年度亏损（法定结算期间）		
2. 联营企业分回利润		
3. 按权益法入账的投资收益		
4. 会计提取的折旧额少于税法规定的折旧额		
5. 国库券利息收入		
6. 股息收入		
7. 国家补贴收入		
8. 境外收益		
9. 技术转让收益		
10. 治理"三废"收益		
三、税率		
四、所得税		

31. 资产减值损失情况如下：

项　　目	本年发生额	上年发生额
一、坏账损失		
二、存货跌价损失		
三、可供出售金融资产减值损失		
四、持有至到期投资减值损失		
五、长期股权投资减值损失		
六、投资性房地产减值损失		
七、固定资产减值损失		
八、工程物资减值损失		
九、在建工程减值损失		
十、生产性生物资产减值损失		
十一、油气资产减值损失		
十二、无形资产减值损失		
十三、商誉减值损失		
十四、其他		
合　　计		

32. 非货币性交易

（1）换入资产、换出资产的类别。

（2）换入资产成本的确定方式。

（3）换入资产、换出资产的公允价值及换出资产的账面价值。

41. 债务重组

（1）债务重组方式；

（2）因债务重组而确认的资本公积或营业外支出金额；

（3）或有支出及或有收益情况

七、或有事项

（一）或有负债的类型及其影响

1. 已贴现商业承兑汇票形成的或有负债

2. 未决诉讼、仲裁形成的或有负债

3. 为其他单位提供担保形成的或有负债

4. 其他或有负债（不包括极小可能导致经济利益流出企业的或有负债）

5. 或有负债预计产生的财务影响（如无法预计，应说明理由）

6. 或有负债获得补偿的可能性

（二）或有资产形成原因及影响

对或有收益，原则上不予披露。如果或有资产很可能会给企业带来经济利益时，则应说明其形成的原因及其产生的财务影响。

八、资产负债表日后事项

每项重要的资产负债表日后非调整事项的性质、内容，及其对财务状况和经营成果的影响。无法做出估计的，应当说明原因。

同业电子有限公司

2018 年 3 月 31 日

CHAPTER
SEVEN

第 *7* 章

合并财务报表

　　合并财务报表是指反映母公司和其全部子公司形成的企业集团（以下简称"企业集团"）整体财务状况、经营成果和现金流量的财务报表。主要包括合并资产负债表、合并利润表、合并现金流量表。

7.1 母公司与子公司

合并报表由企业集团中的控股公司（母公司）于会计年度终了编制，主要服务于母公司的股东和债权人，但也有人认为，服务于企业集团所有股东和债权人，包括拥有少数控股权的股东。

1. 母公司

母公司是指控制一个或一个以上的主体（含企业、被投资单位中可分割的部分，以及企业所控制的结构化主体等，下同）的主体。从母公司的定义可以看出，母公司要求同时具备两个条件：

1　• 一是必须有一个或一个以上的子公司，即必须满足合并财务报表准则所规定的控制的要求，母公司可以只控制一个子公司，也可以同时控制多个子公司。

2　• 二是母公司可以是企业，如《公司法》所规定的股份有限公司、有限责任公司以及外商投资企业，也可以是非企业形式的、但形成会计主体的其他组织，如基金等

2. 子公司

子公司是指被母公司控制的主体。从子公司的定义可以看出，子公司也要求同时具备两个条件：

| 1 | • 一是作为子公司必须被母公司控制，并且只能是一个母公司控制，不可能也不允许被两个或多个母公司同时控制 |
| 2 | • 二是子公司可以是企业，如《公司法》所规定的股份有限公司、有限责任公司以及外商投资企业，也可以是非企业形式的、但形成会计主体的其他组织，如基金等 |

3. 纳入合并范围的特殊情况——对被投资方可分割部分的控制

投资方通常应当对是否控制被投资方整体进行判断。但在少数情况下，如果有确凿证据表明同时满足下列条件并且符合相关法律法规规定的，投资方应当将被投资方一部分视为被投资方可分割的部分，进而判断是否控制该部分（可分割部分）。

| 1 | • 该部分的资产是偿付该部分负债或该部分其他利益方的唯一来源，不能用于偿还该部分以外的被投资方的其他负债 |
| 2 | • 除与该部分相关的各方外，其他方不享有与该部分资产相关的权利，也不享有与部分资产剩余现金流量相关的权利 |

4. 合并范围的豁免——投资主体

母公司应当将其全部子公司（包括母公司所控制的被投资单位可分割部分、结构化主体）纳入合并范围。但是，如果母公司是投资性主体，则只应将那些为投资性主体的投资活动提供相关服务的子公司纳入合并范围，其他子公司不应予以合并，母公司对其他子公司的投资应当按照公允价值计量且其变动计入当期损益。

当母公司同时满足以下三个条件时，该母公司属于投资性主体：一是该公司以向投资方提供投资管理服务为目的，从一个或多个投资者获取资金；二是该公司的唯一经营目的，是通过资本增值、投资收益或两者兼有而让投资者获得回报；三是该公司按照公允价值对几乎所有投资的业绩进行计量和评价。

7.2 编制合并会计报表的程序

与编制个别财务报表相比，合并会计报表的编制程序较为复杂，在编制时可以按以图 7-1 程序和方法进行：

子公司应按规定的日期将其个别会计报表及其有关资料报送母公司 → 编制合并工作底稿 → 将个别会计报表数据过入合并工作底稿

填列合并财务报表 ← 计算合并财务报表各项目的合并金额 ← 编制抵销分录过入合并工作底稿

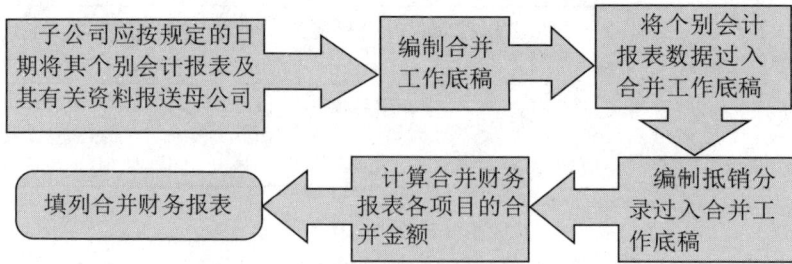

图 7-1　合并会计报表编制程序

1. 编制合并底稿

在编制合并报表的程序中，我们了解到编制合并工作底稿是编制合并报表重要的一步。在编制合并底稿前，我们必须先了解合并底稿的基本结构和内容。合并工作底稿分设 3 栏：第 1 栏为"母、子公司报表金额"，按母、子公司分栏列示；第 2 栏为"调整及抵销数"栏，分设借方、贷方栏，第 3 栏为"合并报表金额"栏。在编制合并报表时，一般先编合并利润表和合并利润分配表，再编合并资产负债表。

合并工作底稿的基本格式见表 7-1 所示。

表 7-1　　　　　　　　　　　　合并工作底稿

项　　目	母公司			子公司			合计金额	抵销分录		少数股东权益	合并金额
	报表金额	借方	贷方	报表金额	借方	贷方		借方	贷方		
（利润表项目）											
营业收入											
营业成本											
……											
净利润											
（所有者权益变动表项目）										2	
未分配利润——年初											
……											
未分配利润——年末											

项　目	母公司			子公司			合计金额	抵销分录		少数股东权益	合并金额
	报表金额	借方	贷方	报表金额	借方	贷方		借方	贷方		
（资产负债表项目）											
货币资金											
……											
短期借款											
……											
实收资本											
……											
未分配利润											
少数股东权益											

2. 将个别会计报表数据过入合并工作底稿

这个步骤的具体内容就是将母公司、纳入合并范围的子公司个别会计报表各项目的数据过入合并工作底稿，并在合并工作底稿中对母公司和子公司个别会计报表各项目的数据进行加总，计算得出个别会计报表各项目合计数。

3. 编制抵销分录过入合并工作底稿

合并会计报表编制的关键就是编制抵销分录，进行抵销处理。进行抵销处理的目的就是将个别财务报表各项目的加总金额中重复的因素予以抵销。对于抵销处理，我们将在下一节中进行详细介绍。

在对属于非同一控制下企业合并中取得的子公司的个别财务报表进行合并时，还应当首先根据母公司为该子公司设置的备查簿的记录，以记录该子公司各项可辨认资产、负债及或有负债等在购买日的公允价值为基础，通过编制调整分录，对该子公司提供的个别财务报表进行调整，以使子公司的个别财务报表反映为在购买日公允价值基础上确定的可辨认资产、负债及或有负债在本期资产负债表日的金额。

4. 计算合并会计报表各项目的合并数额

计算合并会计报表中的合并金额，就是将合并工作底稿中各项目的合计数加上或减去抵销分录借贷方余额。其计算方法见表7-2。

表 7-2 合并数额计算说明表

项　目	计算方法
资产类项目	合并数额根据该项目加总的数额，加上该项目抵销分录有关的借方发生额，减去该项目抵销分录有关的贷方发生额计算确定
负债类项目和所有者权益类项目	合并数额根据该项目加总的数额，减去该项目抵销分录有关的借方发生额，加上该项目抵销分录有关的贷方发生额计算确定
	对于合并非全资子公司资产负债表中的少数股东权益的数额，则视同抵销分录的借方发生额处理
收益类项目	合并数额根据该项目加总的数额，减去该项目抵销分录的借方发生额，加上该项目抵销分录的贷方发生额计算确定
成本费用类项目和利润分配的各项目	合并数额根据该项目的合计数，加上该项目抵销分录的借方发生额，减去该项目抵销分录的贷方发生额计算确定

5. 填列合并会计报表

根据合并工作底稿中计算出的资产、负债、所有者权益、收入、成本费用类各项目的合并数，填列正式的合并会计报表。

7.3　合并资产负债表

合并资产负债表的格式与个别资产负债表的格式基本相同，所不同的是增加了 3 个项目：

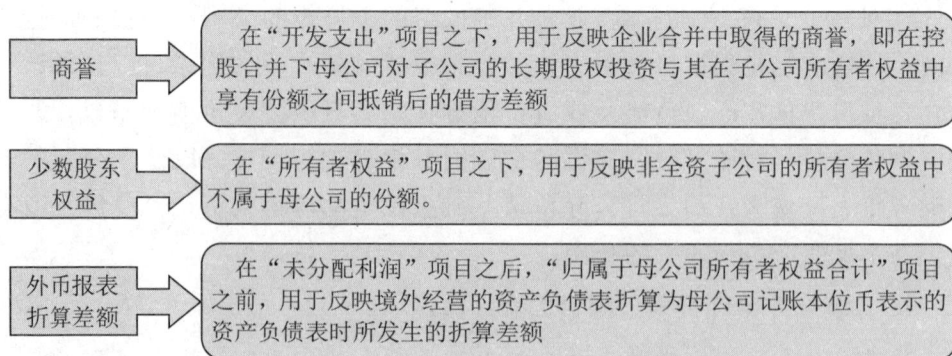

商誉	→	在"开发支出"项目之下，用于反映企业合并中取得的商誉，即在控股合并下母公司对子公司的长期股权投资与其在子公司所有者权益中享有份额之间抵销后的借方差额
少数股东权益	→	在"所有者权益"项目之下，用于反映非全资子公司的所有者权益中不属于母公司的份额。
外币报表折算差额	→	在"未分配利润"项目之后，"归属于母公司所有者权益合计"项目之前，用于反映境外经营的资产负债表折算为母公司记账本位币表示的资产负债表时所发生的折算差额

1. 合并财务报表的前期准备工作

母公司为编制合并财务报表应做好的前期准备工作：

（1）统一母公司、子公司的会计政策。

（2）统一母公司、子公司的资产负债表日及会计期间。

（3）对子公司以外币表示的财务报表进行折算。

（4）收集编制合并财务报表的相关资料。

2. 财务报表的编制程序

（1）设置合并工作底稿。

（2）将母公司、纳入合并范围的子公司个别资产负债表、利润表及所有者权益变动表各项目的数据过入合并工作底稿。

（3）编制调整分录和抵销分录。

（4）计算合并财务报表各项目合并数额。

（5）填列合并财务报表。

7.3.1 调整分录的编制

1. 对子公司的个别财务报表进行调整

在编制合并财务报表时，首先应对各子公司进行分类，分为同一控制下企业合并中取得的子公司和非同一控制下企业合并中取得的子公司两类。

（1）属于同一控制下企业合并中取得的子公司

对于属于同一控制下企业合并中取得的子公司的个别财务报表，如果不存在与母公司会计政策和会计期间不一致的情况，则不需要对该子公司的个别财务报表进行调整。

（2）属于非同一控制下企业合并中取得的子公司

对于属于非同一控制下企业合并中取得的子公司，除了存在与母公司会计政策和会计期间不一致的情况，需要对该子公司的个别财务报表进行调整外，还应当根据母公司为该子公司设置的备查簿的记录，以记录该子公司的各项可辨认资产、负债及或有负债等在购买日的公允价值为基础，通过编制调整分录，对该子公司的个别财务报表进行调整，以使子公司的个别财务报表反映为在购买日公允价值基础上确定的可辨认资产、负债及或有负债在本期资产负债表日的金额。

2. 按权益法调整对子公司的长期股权投资

按权益法调整对子公司的长期股权投资，在合并工作底稿中编制的调整分录，如图 7-2 所示。

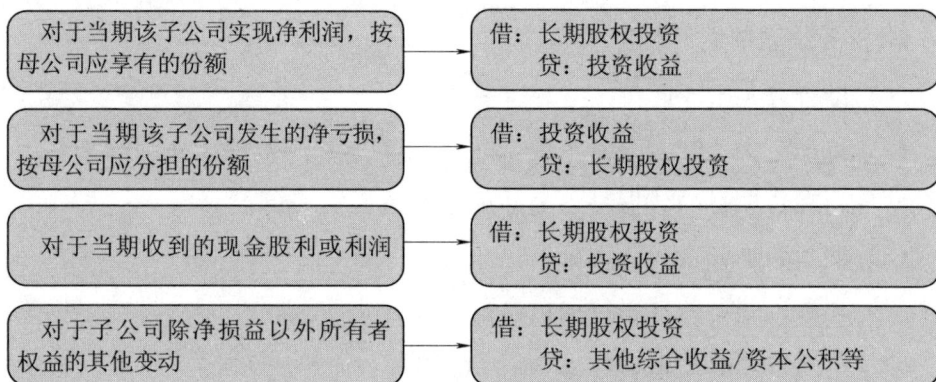

对于当期该子公司实现净利润，按母公司应享有的份额	→	借：长期股权投资 贷：投资收益
对于当期该子公司发生的净亏损，按母公司应分担的份额	→	借：投资收益 贷：长期股权投资
对于当期收到的现金股利或利润	→	借：长期股权投资 贷：投资收益
对于子公司除净损益以外所有者权益的其他变动	→	借：长期股权投资 贷：其他综合收益/资本公积等

图 7-2　按权益法调整对子公司的长期股权投资账务处理

合并财务报表准则也允许企业直接在对子公司的长期股权投资采用成本法核算的基础上编制合并财务报表，但是所生成的合并财务报表应当符合合并财务报表准则的相关规定。

7.3.2　编制合并资产负债表时应进行抵销处理的项目

合并资产负债表是以母公司和子公司的个别资产负债表为基础编制的。编制合并资产负债表时需要进行抵销处理的项目，主要有：

1 • 母公司对子公司长期股权投资与子公司所有者权益

2 • 母公司与子公司、子公司相互之间发生内部债权与债务

3 • 存货项目，即内部购进存货成本中包含的未实现内部销售损益

4	• 固定资产项目，即内部购进商品形成的固定资产、内部购进的固定资产成本中包含的未实现内部销售损益
5	• 无形资产项目，即内部购进商品形成的无形资产、内部购进的无形资产成本中包含的未实现内部销售损益
6	• 与抵销的长期股权投资、应收账款、存货、固定资产、无形资产等资产相关的减值准备的抵销

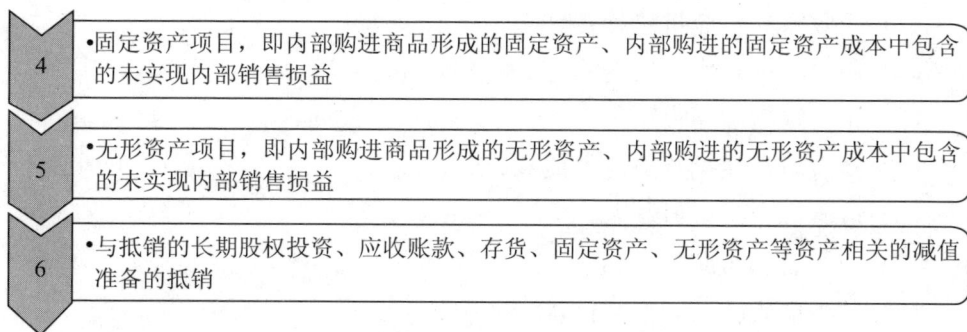

1. 长期股权投资与子公司所有者权益的抵销处理

（1）在子公司为全资子公司的情况下，母公司对子公司长期股权投资的金额和子公司所有者权益各项目的金额应当全额抵销。如图 7-3 所示。

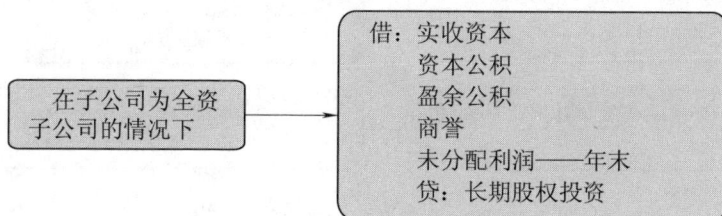

在子公司为全资子公司的情况下 →

借：实收资本
　　资本公积
　　盈余公积
　　商誉
　　未分配利润——年末
　贷：长期股权投资

图 7-3　长期股权投资与子公司所有者权益的抵销处理

（2）在子公司为非全资子公司的情况下，应当将母公司对子公司长期股权投资的金额与子公司所有者权益中母公司所享有的份额相抵销。如图 7-4 所示。

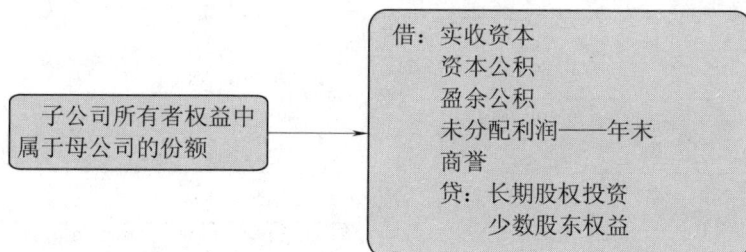

子公司所有者权益中属于母公司的份额 →

借：实收资本
　　资本公积
　　盈余公积
　　未分配利润——年末
　　商誉
　贷：长期股权投资
　　　少数股东权益

图 7-4　子公司为非全资子公司的情况下账务处理

2. 内部债权与债务的抵销处理

在编制合并资产负债表时，需要进行抵销处理的内部债权债务项目主要包括：

（1）应收账款与应付账款；

（2）应收票据与应付票据；

（3）预付账款与预收账款；

（4）持有至到期投资与应付债券；

（5）应收利息与应付利息；

（6）应收股利与应付股利；

（7）其他应收款与其他应付款。

3. 应收账款与应付账款的抵销处理

（1）初次编制合并财务报表时应收账款与应付账款的抵销处理，如图 7-5 所示。

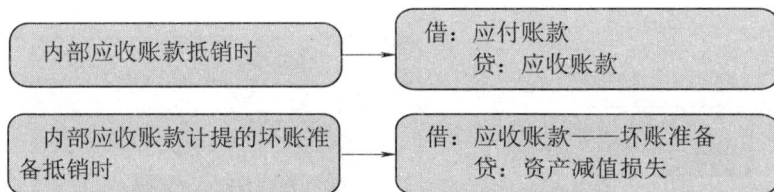

图 7-5　应收账款与应付账款的抵销处理

（2）连续地编制合并财务报表时内部应收账款坏账准备的抵销处理。

第一种情况：内部应收账款本期余额与上期余额相等时的抵销处理。

第二种情况：内部应收账款本期余额大于上期余额时的抵销处理。

第三种情况：内部应收账款本期余额小于上期余额的抵销处理。

在连续编制合并财务报表进行抵销处理时，应按下列程序进行抵销，如图 7-6 所示。

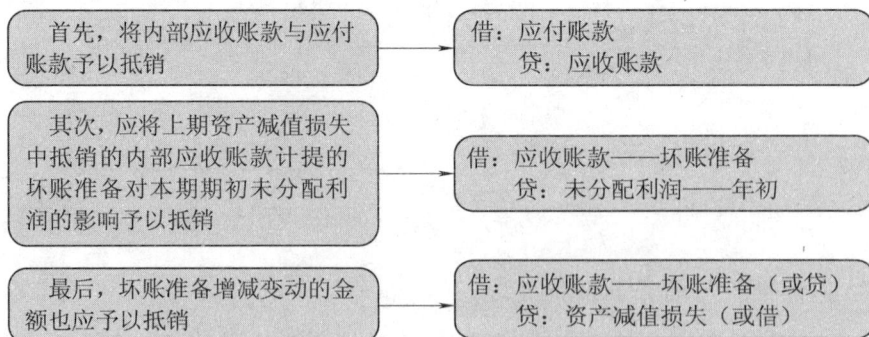

图 7-6　连续地编制合并财务报表时内部应收账款坏账准备的抵销处理

（3）其他债权与债务项目的抵销处理。

在某些情况下，债券投资而持有的企业集团内部成员企业的债券并不是从发行债券的企业直接购进的，而是在证券市场上从第三方手中购进的。在这种情况下，持有至到期投资中的债券投资与发行债券企业的应付债券抵销时，可能会出现差额，应分别进行处理：如果债券投资的余额大于应付债券的余额，其差额应作为投资损失计入合并利润表的投资收益项目；如果债券投资的余额小于应付债券的余额，其差额应作为利息收入计入合并利润表的财务费用项目。

4. 存货价值中包含的未实现内部销售损益的抵销处理

在编制合并资产负债表时，应当将存货价值中包含的未实现内部销售损益予以抵销。如图 7-7 所示。

图 7-7　存货价值中包含的未实现内部销售损益的抵销处理

（1）当期内部购进商品并形成存货情况下的抵销处理，如图 7-8 所示。

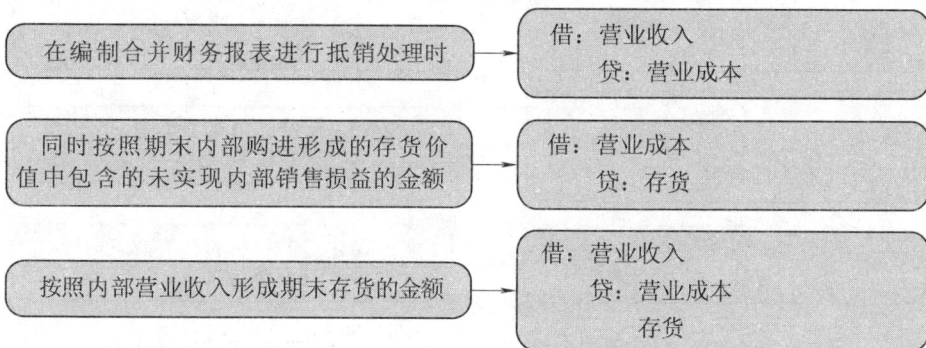

图 7-8　当期内部购进商品并形成存货情况下的抵销处理

（2）连续编制合并财务报表时内部购进商品的抵销处理，如图 7-9 所示。

按照上期内部购进存货价值中包含的未实现内部销售损益的金额	→	借：未分配利润——年初 　贷：营业成本
将内部销售收入、内部销售成本及内部购进存货中未实现内部销售损益予以抵销	→	借：营业收入 　贷：营业成本
对于期末内部购买形成的存货（包括上期结转形成的本期存货）	→	借：营业成本 　贷：存货

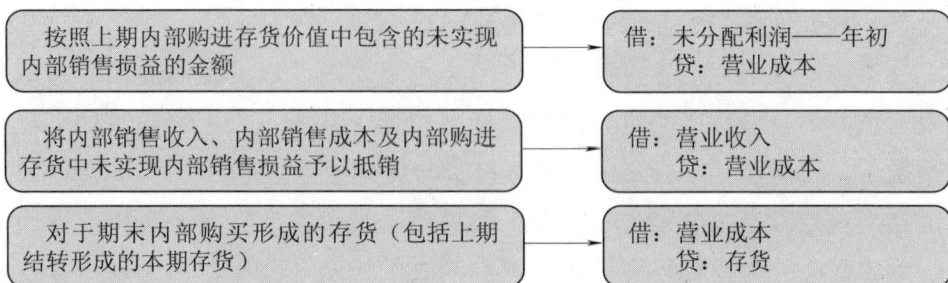

图 7-9　连续编制合并财务报表时内部购进商品的抵销处理

5. 内部固定资产交易的抵销处理

（1）内部交易形成的固定资产在购入当期的抵销处理，如图 7-10 所示。

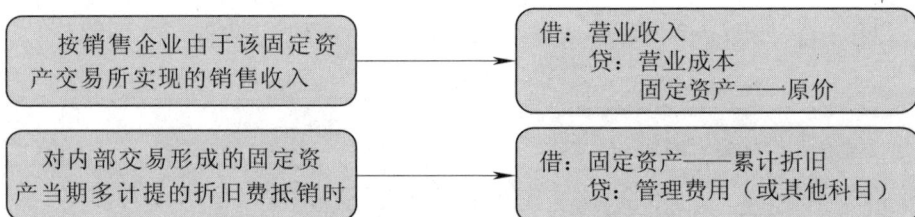

| 按销售企业由于该固定资产交易所实现的销售收入 | → | 借：营业收入
　贷：营业成本
　　　固定资产——原价 |
| 对内部交易形成的固定资产当期多计提的折旧费抵销时 | → | 借：固定资产——累计折旧
　贷：管理费用（或其他科目） |

图 7-10　内部交易形成的固定资产在购入当期的抵销处理

（2）连续编制合并财务报表时内部交易形成固定资产的抵销处理，如图 7-11 所示。

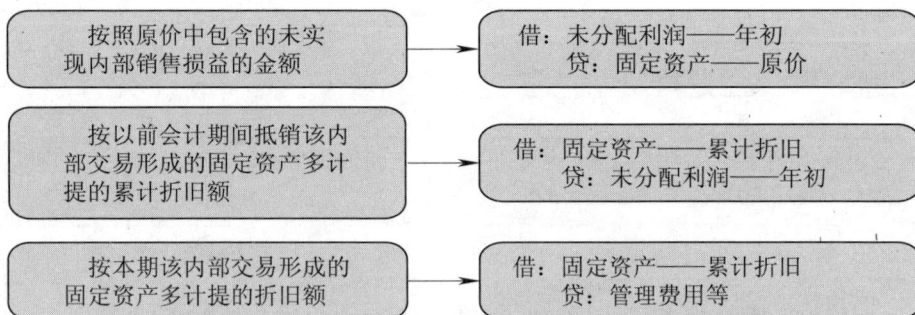

按照原价中包含的未实现内部销售损益的金额	→	借：未分配利润——年初 　贷：固定资产——原价
按以前会计期间抵销该内部交易形成的固定资产多计提的累计折旧额	→	借：固定资产——累计折旧 　贷：未分配利润——年初
按本期该内部交易形成的固定资产多计提的折旧额	→	借：固定资产——累计折旧 　贷：管理费用等

图 7-11　连续编制合并财务报表时内部交易形成固定资产的抵销处理

（3）内部交易形成的固定资产在清理期间的抵销处理。

固定资产清理时可能出现三种情况：①期满清理；②超期清理；③提前清理。编制合并财务报表时，应当根据具体情况进行抵销处理。

第一种情况：内部交易形成的固定资产使用寿命届满进行清理时的抵销处理。如图 7-12 所示。

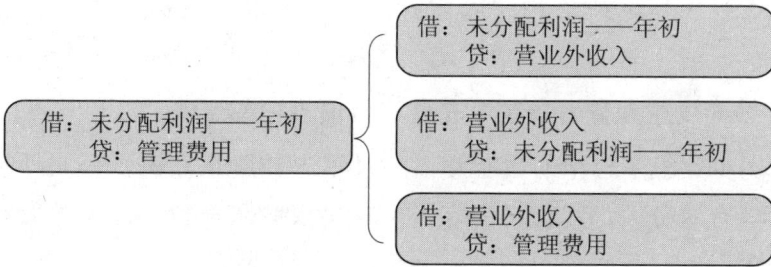

借：未分配利润——年初
　　贷：营业外收入

借：营业外收入
　　贷：未分配利润——年初

借：未分配利润——年初
　　贷：管理费用

借：营业外收入
　　贷：管理费用

图 7-12　内部交易形成的固定资产使用寿命届满进行清理时的抵销处理

第二种情况：内部交易形成的固定资产超期使用进行清理时的抵销处理。如图 7-13 所示。

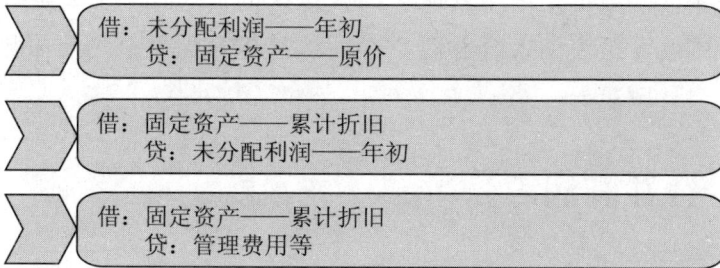

借：未分配利润——年初
　　贷：固定资产——原价

借：固定资产——累计折旧
　　贷：未分配利润——年初

借：固定资产——累计折旧
　　贷：管理费用等

图 7-13　内部交易形成的固定资产超期使用进行清理时的抵销处理

第三种情况：内部交易形成的固定资产使用寿命未满提前进行清理时的抵销处理。如图 7-14 所示。

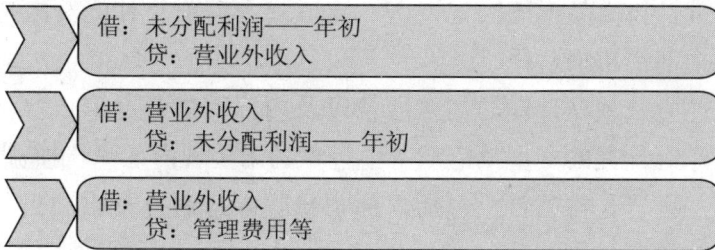

借：未分配利润——年初
　　贷：营业外收入

借：营业外收入
　　贷：未分配利润——年初

借：营业外收入
　　贷：管理费用等

图 7-14　内部交易形成的固定资产使用寿命未满提前进行清理时的抵销处理

在第二种类型的内部固定资产交易的情况下，即企业集团内部企业就将其自用的固定资产出售给集团内部的其他企业，通过抵销后，使其在合并财务报表中该固定资产原价仍然以销售企业的原账面价值反映。在合并工作底稿中编制的抵销分录为：借记"营业外收入"项目，贷记"固定资产——原价"项目，或借记"固定资产——原价"项目，贷记"营业外支出"项目。

6. 子公司发生超额亏损在合并资产负债表中的反映

子公司少数股东分担的当期亏损超过了少数股东在该子公司期初所有者权益中所享有的份额，其余额仍应当冲减少数股东权益，即少数股东权益可以出现负数。

7. 折算子公司外币报表

在制作合并财务报表时，前提必须是母子公司个别财务报表所采用货币计量单位一致。在我国允许外币业务比较多的企业采用某一外币作为记账本位币，境外企业一般也是采用其所在国或地区的货币作为其记账本位币。在将这些企业的会计报表纳入合并时，必须将其折算为母公司所采用的记账本位币表示的会计政策。

7.4　合并利润表

编制合并利润表时需要进行抵销处理的项目，主要有：

（1）内部营业收入和内部营业成本项目；

（2）内部销售商品形成存货、固定资产、无形资产等项目中包含的未实现内部销售损益；

（3）内部销售商品形成固定资产、无形资产等项目计提额或摊销额中包含的未实现内部销售损益；

（4）内部应收款项计提的坏账准备以及内部销售商品形成存货、固定资产、无形资产等计提的资产减值准备中包含的未实现内部销售损益；

（5）内部投资收益项目，包括内部利息收入与利息支出项目、内部股权投资的投资收益项目等。

1. 内部营业收入和内部营业成本项目的抵销处理

内部营业收入和内部营业成本项目的抵销处理分别不同的情况进行处理。

（1）母公司与子公司、子公司相互之间销售商品，期末全部实现对外销售，如图 7-15 所示。

图 7-15　内部营业收入和内部营业成本项目的抵销处理

（2）母公司与子公司、子公司相互之间销售商品，期末未实现对外销售而形成存货的抵销处理，如图 7-16 所示。

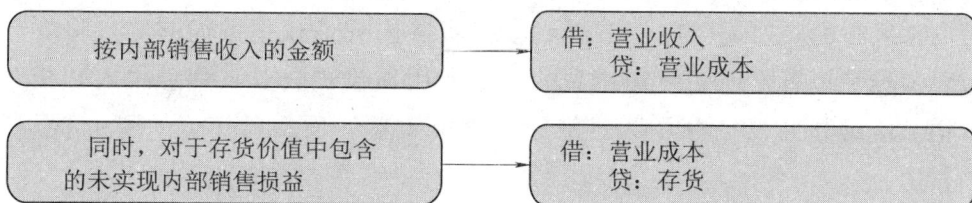

图 7-16　期末未实现对外销售而形成存货的抵销处理

（3）母公司与子公司、子公司之间销售商品，期末部分实现对外销售、部分形成期末存货的抵销处理，如图 7-17 所示。

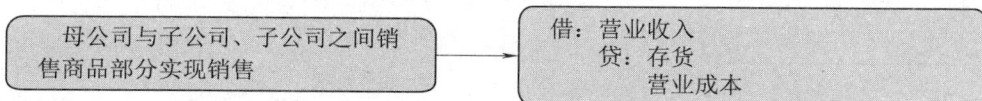

图 7-17　期末部分实现对外销售、部分形成期末存货的抵销处理

2. 购买企业内部购进商品作为固定资产、无形资产等资产使用时的抵销处理

购买企业内部购进商品作为固定资产、无形资产等资产使用时的抵销处理，如图 7-18 所示。

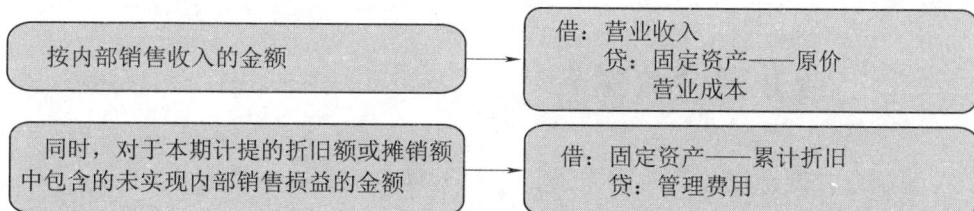

图 7-18　企业内部购进商品作为固定资产、无形资产等资产使用时的抵销处理

3. 内部应收款项计提的坏账准备等减值准备的抵销处理

编制合并财务报表将资产减值损失中包含的本期内部应收款项计提的坏账准备抵销时，按照当期内部应收款项计提的坏账准备的金额，借记"应收账款——坏账准备"等项目，贷记"资产减值损失"项目。

4. 内部投资收益（利息收入）和利息费用的抵销

企业集团内部母公司与子公司、子公司相互之间可能发生相互提供信贷，以及相互之间持有对方债券的内部交易。在编制合并财务报表时，应当在抵销内部发行的应付债券和持有至到期投资等内部债权债务的同时，将内部应付债券和持有至到期投资相关的利息费用与投资收益（利息收入）相互抵销。应编制的抵销分录为：借记"投资收益"项目，贷记"财务费用"项目。

5. 母公司与子公司、子公司相互之间持有对方长期股权投资的投资收益的抵销处理

抵销分录如图 7-19 所示。

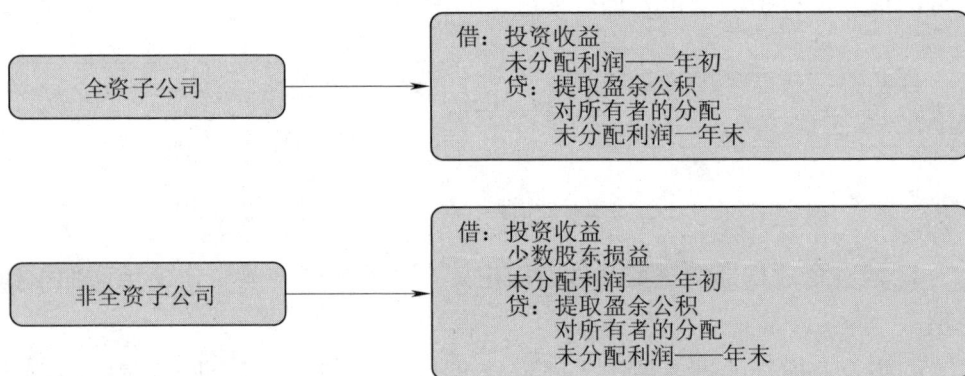

图 7-19　母公司与子公司、子公司相互之间持有对方长期股权投资的投资收益的抵销处理

7.5　合并现金流量表

编制合并现金流量表时需要进行抵销处理的项目，主要有：

（1）母公司与子公司、子公司相互之间当期以现金投资或收购股权增加的投资所产生的现金流量；

（2）母公司与子公司、子公司相互之间当期取得投资收益收到的现金与分配股利、利润或偿付利息支付的现金；

（3）母公司与子公司、子公司相互之间以现金结算债权与债务所产生的现金流量；

（4）母公司与子公司、子公司相互之间当期销售商品所产生的现金流量；

（5）母公司与子公司、子公司相互之间处置固定资产、无形资产和其他长期资产收回的现金净额与购建固定资产、无形资产和其他长期资产支付的现金等。

1. 企业集团内部当期以现金投资或收购股权增加的投资所产生的现金流量的抵销处理

编制合并现金流量表时，应当在母公司与子公司现金流量表数据简单相加的基础上，将母公司当期以现金对子公司长期股权投资所产生的现金流量予以抵销。

2. 企业集团内部当期取得投资收益收到的现金与分配股利、利润或偿付利息支付的现金的抵销处理

编制合并现金流量表时，应当在母公司与子公司现金流量表数据简单相加的基础上，将母公司当期取得的投资收益收到的现金与子公司分配股利、利润或偿付利息支付的现金予以抵销。

3. 企业集团内部以现金结算债权与债务所产生的现金流量的抵销处理

编制合并现金流量表时，应当在母公司与子公司现金流量表数据简单相加的基础上，将母公司当期以现金结算债权与债务所产生的现金流量予以抵销。

4. 企业集团内部当期销售商品所产生的现金流量的抵销处理

编制合并现金流量表时，应当在母公司与子公司现金流量表数据简单相加的基础上，将母公司与子公司、子公司相互之间当期销售商品所产生的现金流量予以抵销。

5. 企业集团内部处置固定资产等收回的现金净额与购建固定资产等支付的现金的抵销处理

编制合并现金流量表时，应当在母公司与子公司现金流量表数据简单相加的基础上，将母公司与子公司、子公司相互之间处置固定资产、无形资产和其他长期资产收回的现金净额与购建固定资产、无形资产和其他长期资产支付的现金相互抵销。

6. 合并现金流量表中有关少数股东权益项目的反映

对于子公司的少数股东增加在子公司中的权益性投资，在合并现金流量表中应当在"筹资活动产生的现金流量"之下的"吸收投资收到的现金"项目下的"其中：子公司吸收少数股东投资收到的现金"项目反映。

对于子公司向少数股东支付现金股利或利润，在合并现金流量表中应当在"筹资活动产生的现金流量"之下的"分配股利、利润或偿付利息支付的现金"项目下"其中：子公司支付给少数股东的股利、利润"项目反映。

对于子公司的少数股东依法抽回在子公司中的权益性投资，在合并现金流量表应当在"筹资活动产生的现金流量"之下的"支付其他与筹资活动有关的现金"项目反映。

（1）子公司及其他营业单位在购买日持有的现金和现金等价物小于母公司支付对价中以现金支付的部分，按减去子公司及其他营业单位在购买日持有的现金和现金等价物后的净额在"取得子公司及其他营业单位支付的现金净额"项目反映，应编制的抵销分录为：借记"取得子公司及其他营业单位支付的现金净额"项目，贷记"年初现金及现金等价物余额"项目。

（2）子公司及其他营业单位在购买日持有的现金和现金等价物大于母公司支付对价中以现金支付的部分，按减去子公司及其他营业单位在购买日持有的现金和现金等价物后的净额在"收到其他与投资活动有关的现金"项目反映，应编制的抵销分录为：借记"取得子公司及其他营业单位支付的现金净额"项目和"收到其他与投资活动有关的现金"项目，贷记"年初现金及现金等价物余额"项目。

7.6 合并所有者权益变动表

合并所有者权益变动表的格式与个别所有者权益变动表的格式基本相同。在存在少数股东的情况下，合并所有者权益变动表增加"少数股东权益"栏目，用于反映少数股东权益变动的情况。

合并所有者权益变动表有关项目的列示说明：

1. "上年年末余额"栏

反映企业上年资产负债表中实收资本（或股本）、资本公积、盈余公积、未分配利润的年末余额。

2. "会计政策变更"和"前期差错更正"栏

反映企业采用追溯调整法处理的会计政策变更的累积影响金额和采用追溯重述法处理的会计差错更正的累积影响金额。

3. "本年增减变动额"栏下相关项目反映的内容

（1）"净利润"项目，反映企业当年实现的净利润（或净亏损）金额，并对应列在"未分配利润"栏。

（2）"可供出售金融资产公允价值变动净额"项目，反映企业持有的可供出售金融资产当年公允价值变动的金额，并对应列在"资本公积"栏。

7.7 合并财务报表附注

1. 附注披露应满足以下基本要求

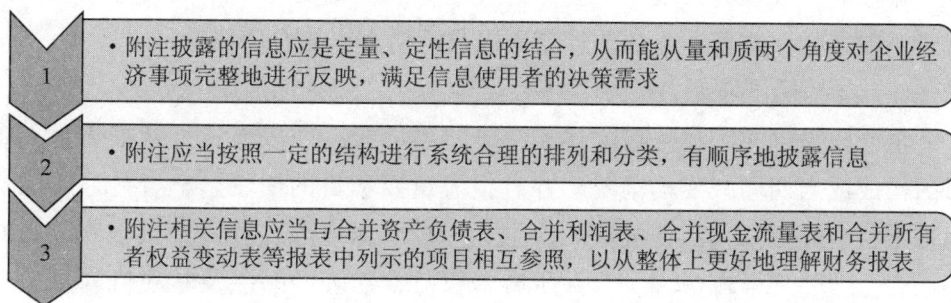

1. 附注披露的信息应是定量、定性信息的结合，从而能从量和质两个角度对企业经济事项完整地进行反映，满足信息使用者的决策需求

2. 附注应当按照一定的结构进行系统合理的排列和分类，有顺序地披露信息

3. 附注相关信息应当与合并资产负债表、合并利润表、合并现金流量表和合并所有者权益变动表等报表中列示的项目相互参照，以从整体上更好地理解财务报表

2. 附注披露的内容

企业（母公司）应当按照规定披露合并财务报表附注信息，主要包括下列内容：

（1）企业集团的基本情况。

1	• 企业注册地、组织形式和总部地址
2	• 企业的业务性质和主要运营活动，如企业所处的行业、所提供的主要产品和服务、客户的性质、销售策略、监管环境的性质等
3	• 母公司以及集团最终母公司的名称
4	• 财务报告的批准报出者和财务报告批准报出日

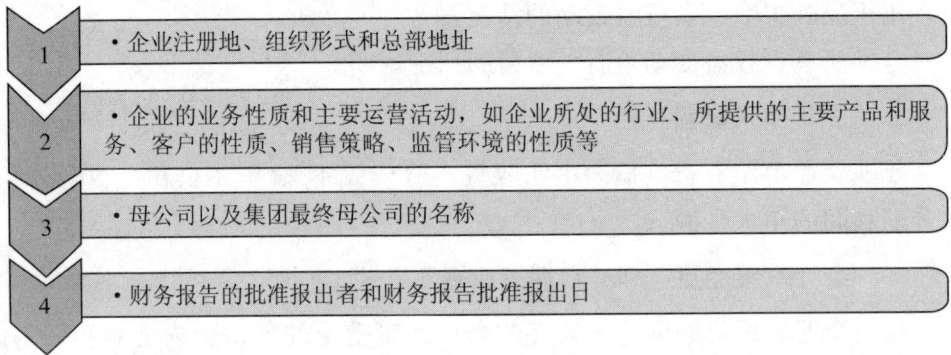

（2）财务报表的编制基础。

（3）遵循企业会计准则的声明。

企业应当声明编制的财务报表符合企业会计准则的要求，真实、完整地反映了企业的财务状况、经营成果和现金流量等有关信息，以此明确企业编制财务报表所依据的制度基础。

如果企业编制的财务报表只是部分地遵循了企业会计准则，附注中不得做出这种表述。

（4）重要会计政策和会计估计。

根据财务报表列报准则的规定，企业应当披露采用的重要会计政策和会计估计，不重要的会计政策和会计估计可以不披露。

（5）会计政策和会计估计变更以及差错更正的说明。

企业应当按照会计政策、会计估计变更和差错更正准则及其应用指南的规定，披露会计政策和会计估计变更以及差错更正的有关情况。

（6）报表重要项目的说明。

企业应当以文字和数字描述相结合、尽可能以列表形式披露报表重要项目的构成或当期增减变动情况，并且报表重要项目的明细金额合计，应当与报表项目金额相衔接。在披露顺序上，一般应当按照合并资产负债表、合并利润表、合并现金流量表、合并所有者权益变动表的顺序及其项目列示的顺序，分别交易性金融资产、应收款项、存货、可供出售金融资产、持有至到期投资、长期股权投资、投资性房地产、固定资产、无形资产、交易性金融负债、职工薪酬、应交税费、短期借款和长期借款、应付债券、长期应付款、营业收入、公允价值变动收益、投资收益、减值损失、营业外收入、营业外支出、所得税、政府补助、非货币性资产交换、股份支付、债务重组、借款费用、外币折算、企业合并等项目按照相关会计准则的规定进行披露。

（7）或有事项。

企业应当披露下列信息：

①预计负债的种类、形成原因以及经济利益流出不确定性的说明；各类预计负债的期初、期末余额和本期变动情况；与预计负债有关的预期补偿金额和本期已确认的预期补偿金额。

②或有负债（不包括极小可能导致经济利益流出企业的或有负债）；或有负债的种类及其形成原因，包括未决诉讼、未决仲裁、对外提供担保等形成的或有负债。

经济利益流出不确定性的说明；或有负债预计产生的财务影响，以及获得补偿的可能性；无法预计的，应当说明原因。

③企业通常不应当披露或有资产。但或有资产很可能会给企业带来经济利益的，应当披露其形成的原因、预计产生的财务影响等。

④在涉及未决诉讼、未决仲裁的情况下，按相关规定披露全部或部分信息预期对企业造成重大不利影响的，企业无须披露这些信息，但应当披露该未决诉讼、未决仲裁的性质，以及没有披露这些信息的事实和原因。

（8）资产负债表日后事项。

企业应当披露下列信息：

①每项重要的资产负债表日后非调整事项的性质、内容，及其对财务状况和经营成果的影响。无法做出估计的，应当说明原因。

②资产负债表日后，企业利润分配方案中拟分配的以及经审议批准宣告发放的股利或利润。

（9）关联方关系及其交易。

（10）有助于财务报表使用者评价企业管理资本的目标、政策及程序的信息。

（11）终止经营的收入、费用、利润总额、所得税费用和净利润，以及归属于母公司所有者的终止经营利润。

（12）在资产负债表日后、财务报告批准报出日前提议或宣布发放的股利总额和每股股利金额（或向投资者分配的利润总额）。

（13）母公司和子公司信息。

7.8 合并会计报表编制实例

【例7-1】慈文公司于2019年初投资960 000元拥有80％股权的亿建公司，取得对亿建公司的控制权（非同一控制下的企业合并，初始取得成本等于计税基础）。

2019年1月1日，亿建公司股东权益总额为，其中：股本为1 200 000元，资本公积16 400元，盈余公积为0，未分配利润为0。本年度内，发生下列内部事项：

（1）亿建公司向慈文公司点交工程价款为60 000元的分包工程，慈文公司已向发包单位点交并结算工程价款。

（2）亿建公司向慈文公司销售200 000元的结构件，其成本为160 000元，结构件用于点交工程，价款未付。

（3）亿建公司当年税后利润为150 000元，慈文公司投资收益为120 000元（150 000×80％），少数股东损益为30 000元（150 000×20％），另提取盈余公积金15 000元，剩余135 000结转下年。

根据上述事项，在合并工作底稿中编制如下分录：

①抵消内部点交工程结算收入60 000元

借：营业收入   60 000

  贷：营业成本   60 000

②抵消结构件内部结算收入200 000元

借：营业收入   200 000

  贷：营业成本   200 000

③抵消结构件内部未实现收益

借：营业成本   40 000

  贷：存货   40 000

借：少数股东权益   6 000

  贷：少数股东损益   6 000

该交易为逆流交易，还需要按照少数股东在未实现内部交易损益中所占份额，并考虑所得税的影响，抵销少数股东权益。

40 000×20％×（1－25％）＝6 000（元）

④同时，确认该存货可抵扣差异性的递延所得税影响：40 000×25％＝

10 000（元）

　　借：递延所得税资产　　　　　　　　　　　　　　　　10 000
　　　　贷：所得税费用　　　　　　　　　　　　　　　　　　　10 000

　　⑤抵消慈文公司与亿建公司之间相互应付应收结构件购销款

　　借：应付账款　　　　　　　　　　　　　　　　　　200 000
　　　　贷：应收账款　　　　　　　　　　　　　　　　　　　200 000

　　⑥抵消因内部应收账款而抵消的坏账准备，计提比例为1%

　　借：应收账款　　　　　　　　　　　　　　　　　　　2 000
　　　　贷：资产减值损失——坏账准备　　　　　　　　　　　　2 000

　　⑦将内部应收账款计提的坏账准备予以抵销并确认递延所得税的影响

　　借：所得税费用　　　　　　　　　　　　　　　　　　　500
　　　　贷：递延所得税资产　　　　　　　　　　　　　　　　　500

　　⑧亿建公司当年税后利润为150 000元，慈文公司投资收益为120 000元（150 000×80%）

　　借：长期股权投资——亿建公司　　　　　　　　　　120 000
　　　　贷：投资收益　　　　　　　　　　　　　　　　　　　120 000

　　⑨经上述调整，慈文公司对亿建公司长期股权投资调整后金额为960 000＋120 000＝1 080 000（元）

　　亿建公司股东权益总额为：1 200 000＋16 400＋15 000＋135 000＝1 366 400（元）

　　亿建公司股东权益中20%的部分，即：1 366 400×20%＝273 280（元），属于少数股东权益，在抵销处理时应作为少数股东权益处理。合并分录如下：

　　借：股本　　　　　　　　　　　　　　　　　　1 200 000
　　　　资本公积　　　　　　　　　　　　　　　　　16 400
　　　　盈余公积　　　　　　　　　　　　　　　　　15 000
　　　　未分分配利润——年末　　　　　　　　　　　135 000
　　　　商誉　　　　　　　　　　　　　　　　　　　13 120
　　　　贷：长期股权投资　　　　　　　　　　　　　1 080 000
　　　　　　少数股东权益　　　　　　　　　　　　　　273 280

　　⑩慈文公司拥有亿建公司80%的股份，在合并工作底稿中慈文公司按权益法调整亿建公司本期投资收益120 000元，亿建公司少数股东损益为

150 000×20＝30 000（元）。亿建公司年初未分配利润为 0，本期提取盈余公积金15 000元，剩余 135 000 结转下年

借：投资收益　　　　　　　　　　　　　　　　　　120 000

少数股东损益　　　　　　　　　　　　　　　　30 000

未分配利润——年初　　　　　　　　　　　　　　0

贷：提取盈余公积　　　　　　　　　　　　　　　15 000

未分配利润——年末　　　　　　　　　　　135 000

编制合并工作底稿见表 7-3。

表 7-3　　　　　　　　　　　　　　合并工作底稿

项　目	慈文公司 报表项目	亿建公司 报表项目	合计金额	抵销分录 借方	抵销分录 贷方	少数股东权益	合并金额
（利润表项目）							
营业收入	25 000 000	2 000 000	27 000 000	①60 000 ②200 000			26 740 000
营业成本	20 500 000	1 607 000	22 107 000	③40 000	①60 000 ②200 000		21 887 000
税金及附加	825 000	66 000	891 000				891 000
管理费用	1 563 000	34 000	1 597 000				1 597 000
销售费用	480 000	200 000	680 000				680 000
财务费用	1 200 000	66 000	1 266 000				1 266 000
资产减值损失	0	0	0		⑥2 000		−2 000
投资收益	132 000	20 000	152 000	⑩120 000	⑧120 000		152 000
营业外收入	140 800		140 800				140 800
营业外支出	20 000	3 000	23 000				23 000
利润总额	684 800	44 000	728 800	420 000	382 000		690 800
所得税费用	171 200	11 000	182 200	⑦500	④10 000		172 700
净利润	513 600	33 000	546 600	420 500	392 000		518 100
少数股东损益	0				③6 000	30 000	24 000

项　　目	慈文公司 报表项目	亿建公司 报表项目	合计金额	抵销分录 借方	抵销分录 贷方	少数 股东 权益	合并 金额
归属于慈文公司所有者的净利润							494 100
(资产负债表项目)							
流动资产：							
货币资金	402 000	40 500	442 500				442 500
应收票据	877 400	68 000	945 400				945 400
应收账款	800 000	160 000	960 000	⑥2 000	⑤200 000		762 000
坏账准备	8 000	1 600	9 600				9 600
其他应收款	10 000	1 000	11 000				11 000
长期股权投资	987 200	0	987 200	⑧120 000	⑨1 080 000		27 200
其中：对亿建公司投资	960 000	0	960 000	⑧120 000	⑨1 080 000		0
长期待摊费用	44 000	5 000	49 000				49 000
存货	4 844 500	365 000	5 209 500		③40 000		5 169 500
在建工程	1 600 540	90 500	1 691 040				1 691 040
递延所得税资产	0	0	0	④10 000	⑦500		9 500
流动负债：							
应付账款	1 100 609	200 000	1 300 609	⑤200 000			1 100 609
股东权益：							
股本	5 000 000	1 200 000	6 200 000	⑨1 200 000			5 000 000
资本公积	60 000	16 400	76 400	⑨16 400			60 000
盈余公积	250 000	85 000	335 000	⑨15 000	⑩15 000		335 000

项 目	慈文公司 报表项目	亿建公司 报表项目	合计金额	抵销分录 借方	抵销分录 贷方	少数股东权益	合并金额
未分配利润	320 000	0	320 000	①60 000 ②200 000 ③40 000 ⑦500 ⑨135 000 ⑩120 000 ⑪0 <u>555 500</u>	①60 000 ②200 000 ④10 000 ⑥2 000 ⑧120 000 ⑩135 000 <u>527 000</u>	24 000	267 500
少数股东权益					④6 000	273 280	267 280
所有者权益合计	5 630 000	1 301 400	6 931 400	1 792 900	437 000	262 400	5 837 900

根据合并工作底稿的调整及抵消数,调整慈文公司、亿建公司报表金额后,就可以按照下列方法计算出合并报表金额。

收入、收益、负债、所有者权益项目为:

慈文、亿建公司报表金额合计数＋调整及抵消贷方数－调整及抵消借方数

成本、费用、支出、损失、资产项目为:

慈文、亿建公司报表金额合计数＋调整及抵消借方数－调整及抵消贷方数

现根据合并工作底稿合并报表金额栏各项目数和上年合并报表,编制合并利润表、合并资产负债表分别见表7-4、表7-5。

表7-4 　　　　　　　　　　　　合并利润表

编制单位:慈文公司　　　　　　　2017年12月　　　　　　　　单位:元

项 目	上年累计数(略)	本年累计数
一、营业收入		26 740 000
二、营业成本		21 887 000

项　目	上年累计数（略）	本年累计数
营业税金及附加		891 000
管理费用		1 597 000
销售费用		680 000
财务费用		1 266 000
资产减值 损失		－2 000
加：投资收益		152 000
三、营业利润（亏损以"－"号填列）		573 000
营业外收入		140 800
减：营业外支出		23 000
四、利润总额		690 800
减：所得税费用		172 700
五、净利润（亏损以"－"号填列）		518 100
归属于慈文公司所有者的净利润		494 100
少数股东损益		24 000

表 7-5　　　　　　　　　　　　　　**合并资产负债表**

编制单位：慈文公司　　　　　　2017 年 12 月　　　　　　单位：元

资　产	期末余额	年初余额	负债和所有者权益	期末余额	年初余额
流动资产：			流动负债：		
货币资金	442 500		短期借款	581 000	
以公允价值计量且其变动计入当期损益的金融资产			应付票据	406 000	
应收票据	945 400		应付账款	1 100 609	
应收账款	752 400		预收款项	160 000	
预付款项	0		应付职工薪酬	7 600	
应收利息			以公允价值计量且其变动计入当期损益的金融负债		
其他应收款	11 000		其他应付款	8 000	

资　　产	期末余额	年初余额	负债和所有者权益	期末余额	年初余额
一年内到期的非流动资产			应交税费	111 376	
其他流动资产			应付股利		
流动资产合计	2 151 300		应付利息		
非流动资产：			一年内到期的长期负债		
存货	5 169 500		其他流动负债		
在建工程	1 691 040		流动负债合计	2 374 585	
可供出售的金融资产			非流动负债：		
长期应收款			长期借款	3 000 000	
工程物资			应付债券		
长期股权投资：	27 200		长期应付款	906 675	
固定资产	7 653 600		预计负债		
固定资产清理			递延所得税负债		
开发支出			非流动负债合计	3 906 675	
长期待摊费用	49 000		负债合计	6 281 260	
无形资产	1 122 400		所有者权益：		
递延所得税资产	9500		实收资本（或股本）	5 000 000	
其他非流动资产			资本公积	60 000	
非流动资产合计	15 722 240		盈余公积	335 000	
			未分配利润	267 500	
			归属于慈文公司所有者权益	5 662 500	
			少数股东权益	267 280	
			所有者权益合计	5 942 900	
资产总计	17 873 540		负债及所有者权益总计	17 873 540	

CHAPTER

EIGHT

第 8 章

电算化报表

　　电算化编制报表是指通过会计电算化软件实现会计报表的设计、填制、审核、上报及打印等功能的全过程。

8.1 电算化的报表概述

会计报表是会计工作流程的最后一个环节，是企业财务结果及最终财务状况的集中反映。在经过一个会计期间的核算后，能否形成一套真实、完整的会计报表，是检验一个会计电算化软件的设计是否完善与成功的重要标准。所以，每一款财务核算软件，基本都配备了功能相当完善的会计报表的生成功能。

由于大多数会计电算化报表软件都提供了编制取数公式功能，因此只要编制了正确的取数公式，软件就可以准确无误的到指定的会计账簿找到相关数据。有些软件也可以编制表间审核公式，对会计报表间需要有核对关系的数据进行自动核对，并对有误的报表及项目进行报告，并提出修改意见，有效提高了报表的质量。

1. 电算化编制报表软件应具备的基本功能

电算化编制报表软件应具备的基本功能包括会计报表格式的设计功能和审核功能。

（1）会计报表格式的设计功能。

会计报表模块应当具备强大的格式拓展功能。除了一些规定的报表格式外，使用者可以根据自身的需要，设计所需要的表格样式。这样可以使会计人员充分利用会计核算软件所归集的数据，形成可读的报表结构。

（2）会计报表的自动生成功能。

会计报表模块应当具备完善的公式编制体系。通过编制取数公式，将会计报表与会计核算系统进行连接，实现账转表功能，从而实现会计报表的自动生成，充分体现会计电算化的优点。

（3）会计报表的审核功能。

为了提高会计报表的准确性，会计报表模块应当可以利用公式编制体系，编制相应审核公式，对表内、表间的数据关系进行核对，并对有误的地方提出修改意见，以便修改。

（4）数据的上报、接收及打印功能。

①会计报表形成之后需要上报给上级主管部门，所以会计报表模块应当将已经形成会计报表数据生成固定数据格式文件并保存起来，同时，上级主管部门可以将下级报上来的报表数据导入以便审核、汇总。

②根据有关规定，采用会计电算化的单位需要将电子数据与纸质文件同时保存，按会计档案相关规定归档，所以会计报表模块也应具有打印功能，将已完成的会计报表打印出来以便归档保存。

2. 电算化编制报表处理流程

会计报表软件的工作流程分为四个步骤：

（1）报表名称登记。

用户在报表系统软件的帮助提示下，输入报表的标题、定义报表的结构。对外报表的设计应要求报表的结构符合规定格式。对内报表的结构根据企业应用的目的和要求编制。报表数据的填写方式可以由用户直接从计算机终端输入或从有关的账簿、其他报表获取。

（2）报表格式与数据处理公式设置。

会计报表无论是对内报表或对外报表，它总是表示为某一时期经济业务的数据归纳和总结，提供概括性的信息。一般它的数据源总存在相关的数据库文件中，需要我们定义数据获取和计算的公式，由计算机程序识别这些公式的含义，从而到相关的数据源中获取数据并进行加工。特别是对外报表的生成，如资产负债表、利润表的数据应由报表系统按一定的计算方式从有关会计账簿文件、报表文件中获取。由于在会计电算化核算系统中，账簿的数据是由凭证文件生成，并经过有关人员的审核，这样，在一定程度上可以避免输出的会计报表数据的失真。

（3）报表编制。

运行报表模板，按照报表数据来源的规定，计算机自动从会计数据库中采集相关数据，填入报表有关的表单元中，同时根据需要通过键盘输入有关数据，经过表间逻辑运算和钩稽关系检查生成报表文件。

（4）报表输出。

根据报表文件的数据，输出有关报表。

8.2 财务软件报表系统应用

8.2.1 会计报表子系统的主要功能

报表系统是报表事务处理的工具，利用报表系统，既可以编制对外报表，也可以编制内部各种报表，还可以从其他系统（总账、工资、固定资产、应收、应付、财务分析、采购、库存、存货核算和销售子系统等）中提取编制报表所需的数据，以生成财务部门所需的各种会计报表。报表系统的主要功能有：

1. 文件管理功能

报表系统提供了各类文件管理功能，除能完成一般的文件管理外，报表系统的数据文件还能够转换为不同的文件格式：如文本文件、＊.mdb 文件、＊.dbf 文件、Excel 文件、Lotus1-2-3 文件。此外，通过 UFO 提供的"导入"和"导出"功能，可以实现和其他流行财务软件之间的数据交换。

2. 格式设计功能

报表系统提供的格式设计功能，可以设置报表尺寸、组合单元、画表格线（包括斜线）、调整行高列宽、设置字体和颜色、设置显示比例等等，制作各种形式的报表。同时，报表系统还内置了 11 种套用格式和 21 个行业的标准财务报表模板，包括最新的现金流量表，方便了用户标准报表的制作，对于用户单位内部常用的管理报表，报表系统还提供了自定义模板功能。

3. 数据处理功能

报表系统的数据处理功能可以固定的格式管理含有大量数据的表页，能将多达 99 999 张具有相同格式的报表资料统一在一个报表文件中管理，并在每张表页之间建立有机的联系。

此外，还提供了排序、审核、舍位平衡、汇总功能。提供了绝对单元公式和相对单元公式，可以方便、迅速地定义计算公式。提供了种类丰富的函数，在系统向导的引导下轻松地从账务及其他子系统中提取数据，生成财务报表。

4. 图表功能

报表系统可以很方便地对数据进行图形组织和分析，制作包括直方图、立体图、圆饼图、折线图等多种分析图表，并能编辑图表的位置、大小、标题、字体、颜色、打印输出。"图文混排"使财务报表的数据更加直观。

5. 打印功能

报表系统提供"所见即所得"和"打印预览"，可以随时观看报表或图形的打印效果。报表打印时，可以打印格式或数据，可以设置表头和表尾，可以在 0.3 到 3 倍之间缩放打印，可以横向或纵向打印等等。

6. 二次开发功能

报表系统还能进行二次开发。它提供了批命令和自定义菜单，自动记录命令窗口中输入的多个命令，可将有规律性的操作过程编制成批命令文件，进一步利用自定义菜单开发出适合本企业的专用系统。

8.2.2 编制会计报表应知应会

如手工情况下填制一张报表一样，必须有表样后才能填写数据。报表系统报表的制作也不外乎是报表的格式设计和数据处理，如图 8-1 所示。在介绍报表系统的基本操作前，先熟悉一些报表系统的基本概念。

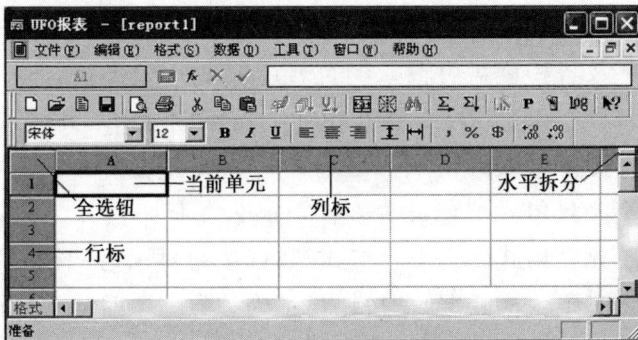

图 8-1　报表系统操作界面

1. 格式状态和数据状态

报表系统将报表制作分为两大部分来处理，即报表格式设计工作与报表数据处理工作。

（1）在报表格式设计状态下进行有关格式设计的操作，见表尺寸、行高列宽、单元属性、单元风格、组合单元、关键字及定义报表的单元公式（计算公式）、审核公式及舍位平衡公式。在格式状态下，所看到的是报表的格式，报表的数据全部隐藏。在格式状态下所做的操作对本报表所有的表页都发生作用，并且不能进行数据的录入、计算等操作。

（2）在报表的数据状态下管理报表的数据，如输入数据、自动计算、对表页进行管理、审核、舍位平衡、制作图形、汇总报表等。在数据状态下不能修改报表的格式，看到的是报表的全部内容，包括格式和数据。

注意：报表工作区的左下角有一个【格式/数据】按钮，点取这个按钮可以在格式状态和数据状态之间切换。

2. 单元

单元是组成报表的最小单位，单元名称由所在行、列标识，行号用数字 $1 \sim 9\,999$ 表示，列标用字母 A～IU 表示。例如：C8 表示第 3 列第 8 行的那个单元。单元类型有数值单元、字符单元、表样单元 3 种。

（1）数值单元用于存放报表的数据，在数据状态下（格式/数据按钮显示为"数据"时）输入，数值单元的内容可以是 $1.7 \times (10E-308) \sim 1.7 \times (10E+308)$ 之间的任何数（15 位有效数字），数字可以直接输入或由单元中存放的单元公式运算生成、建立一个新表时，所有单元的类型缺省为数值型。

（2）字符单元也是报表的数据，只不过不一定是数值数据，也在数据状态下（格式/数据按钮显示为"数据"时）输入。字符单元的内容可以是汉字、字母、数字及各种键盘可输入的符号组成的一串字符，一个单元中最多可输入 63 个字符或 31 个汉字。字符单元的内容也可由单元公式生成。

（3）表样单元是报表的格式，是定义一个没有数据的空表所需的所有文字、符号或数字一旦单元被定义为表样，那么在其中输入的内容对所有表页都有效。表样单元在格式状态下（格式/数据按钮显示为"格式"时）输入和修改，在数据状态下（格式/数据按钮显示为"数据"时）不允许修改。

3. 组合单元

由于一个单元只能输入有限个字符，在实际工作中有的单元有超长输入情况，这时，可以采用系统提供的组合单元。组合单元由相邻的两个或更多的单元组成，这些单元必须是同一种单元类型（表样、数值、字符），系统在处理报表时将组合单元视为一个单元。可以组合同一行相邻的几个单元，可以组合同一列相邻的几个单元，也可以把一个多行多列的平面区域设为一个组合单元。组合单元的名称可以用区域的名称或区域中的单元的名称来表示。例如把 B2 到 B3 定义为一个组合单元，这个组合单元可以用"B2""B3"、或"B2：B3"表示。

4. 区域

由一张表页上的一组单元组成，自起点单元至终点单元是一个完整的长方形矩阵。在 UFO 中，区域是二维的，最大的区域是一个表的所有单元（整个表页），最小的区域是一个单元。例如：A6 到 C10 的长方形区域表示为A6：C10，起点单元与终点单元用"："连接。

5. 表页

一个报表中的所有表页具有相同的格式，但其中的数据不同。表页在报表中的序号在表页的下方以标签的形式出现，称为"页标"。页标用"第 1页"—"第 99 999 页"表示，当前表的第 2 页，可以表示为@2。

6. 二维表和三维表

确定某一数据位置的要素称为"维"。在一张有方格的纸上填写一个数，这个数的位置可通过行和列（二维）来描述。如果将一张有方格的纸称为表，那么这个表就是二维表，通过行（横轴）和列（纵轴）可以找到这个二维表中任何位置的数据。如果将多个相同的二维表叠在一起，找到某一个数据的要素需增加一个，即表页号（Z 轴）。这一叠表称为一个三维表。如果将多个不同的三维表放在一起，要从这多个三维表中找到一个数据，又需增加一个要素，即表名。三维表的表间操作即为"四维运算"。因此，在 UFO 中要确定一个数据的所有要素为：＜表名＞、＜列＞、＜行＞、＜表页＞，如利润表第 2 页的 C5 单元，表示为："利润表"→C5@2。

7. 固定区及可变区

（1）固定区。指组成一个区域的行数和列数是固定的数目。一旦设定好以后，在固定区域内其单元总数是不变的。

（2）可变区。指组成一个区域的行数或列数是不固定的数字，可变区的最大行数或最大列数是在格式设计中设定的。在一个报表中只能设置一个可变区，或是行可变区或是列可变区。行可变区是指可变区中的行数是可变的，列可变区是指可变区中的列数是可变的。设置可变区后，屏幕只显示可变区的第一行或第一列，其他可变行列隐藏在表体内。在以后的数据操作中，可变行列数随着需要而增减。有可变区的报表称为可变表。没有可变区的表称为固定表。

8. 关键字

关键字是游离于单元之外的特殊数据单元，可以唯一标识一个表页，用于在大量表页中快速选择表页。如：一个资产负债表的表文件可放一年12个月的资产负债表（甚至多年的多张表），要对某一张表页的数据进行定位，要设置一些定位标志，称为关键字。

报表共提供了以下六种关键字，关键字的显示位置在格式状态下设置，关键字的值则在数据状态下录入，每个报表可以定义多个关键字。

（1）单位名称。字符型（最多30个字符），为该报表表页编制单位的名称。

（2）单位编号。字符型（最多10个字符），为该报表表页编制单位的编号。

（3）年。数字型（1904—2100），该报表表页反映的年度。

（4）季。数字型（1—4），该报表表页反映的季度。

（5）月。数字型（1—12），该报表表页反映的月份。

（6）日。数字型（1—31），该报表表页反映的日期。

除此之外，报表系统还增加了一个自定义关键字，当定义名称为"周"和"旬"时有特殊意义，可以用于业务函数中代表取数日期，可以从其他系统中提取数据，在实际工作中可以根据具体情况灵活运用这些关键字。

9. 筛选

筛选是在执行报表系统的命令或函数时，根据用户指定的筛选条件，对报表中每一个表页或每一个可变行（列）进行判断，只处理符合筛选条件的表页或可变行（列）。

筛选条件分为表页筛选条件和可变区筛选条件。表页筛选条件指定要处理的表页；可变区筛选条件指定要处理的可变行或可变列。

筛选条件跟在命令、函数的后面，用"FOR＜筛选条件＞"来表示。例如：某企业2015全年的费用表存在一个报表文件中，每个月的费用表占一张表页，共 12 张表页。使用命令：LET A10＝"下半年" FOR 月＞5，表示给 6、7、8、9、10、11、12 月表页的 A10 单元赋值为"下半年"，其他表页的 A10 单元不变。

10. 关联

报表系统报表中的数据有着特殊的经济含义，因此报表数据不是孤立存在的，一张报表中不同表页的数据或多个报表中的数据可能存在着这样或那样的经济关系或勾稽关系，要根据这种对应关系找到相关联的数据进行引用，就需要定义关联条件。报表系统在多个报表之间操作时，主要通过关联条件来实现数据组织。

关联条件跟在命令、函数的后面，用"RELATION ＜关联条件＞"来表示。如果有筛选条件，则关联条件应跟在筛选条件的后面。

8.2.3 电算化报表流程

1. 启动 UFO，建立报表

（1）单击 WindowsXP 系统桌面上的【开始】→【所有程序】→【用友 ERP－U8】→【财务会计】→【UFO 报表】，启动 UFO 报表系统。如图 8-2 所示。

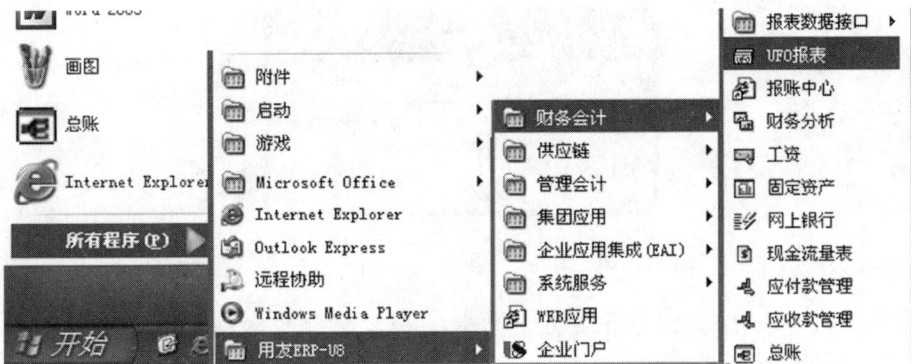

图 8-2　启动 UFO 报表

（2）输入操作员名称和密码，选择账套和会计年度后，进入 UFO 报表系统，如图 8-3 所示。

（3）单击【文件】→【新建】命令或单击【新建】图标后，如图 8-4 所示，建立一个空的报表，默认表名为 report1，并进入格式状态。

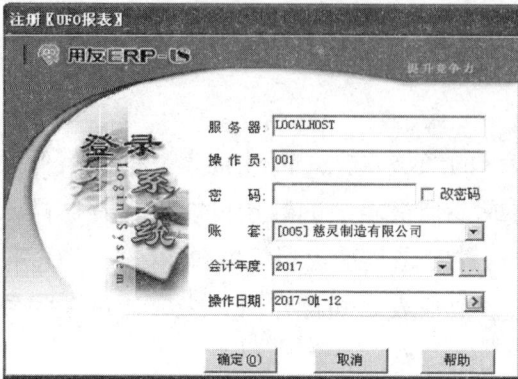

图 8-3　注册用户名

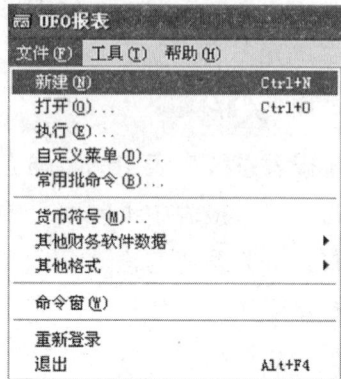

图 8-4　建立报表

（4）这时可以在这张报表上开始设计报表格式，在保存文件时可以用自己的文件名给这张报表命名。

2. 设计报表的格式

报表的格式设计在格式状态下进行，格式对整个报表都有效，包括以下操作：

（1）设置表尺寸。定义报表的大小即设定报表的行数和列数。单击【格式】→【表尺寸】菜单，打开"表尺寸"对话框，如图 8-5 所示。

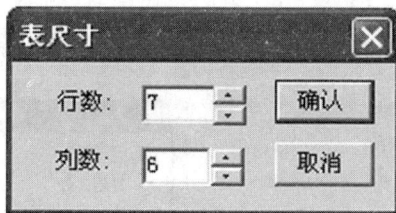

图 8-5　表尺寸对话框

（2）输入表内文字。包括表头、表体和表尾（关键字值除外），如图 8-6所示。在格式状态下定义了单元内容自动默认为表样型，定义为表样型的单元在数据状态下不允许修改和删除。

（3）确定关键字在表页上的位置，如单位名称、年、月等。

①选中需要输入关键字的组合单元"A2"，单击【数据】→【关键字】→【设置】菜单，打开"设置关键字"对话框，如图 8-7 所示。选择"单位

名称""年""月""日"等关键字。

	A	B	C	D	E	F
1	应收账款分析表					
2						
3	项目名称	行次	期初余额	本期发生	本期收回	期末余额
4	A公司					
5	B公司					
6	合计					
7	制表人：					

图 8-6　输入报表内容

②单击【数据】→【关键字】→【偏移】菜单，打开"定义关键字偏移"窗口，如图 8-8 所示，在需要调整位置的关键字后面输入偏移量，单击【确定】按钮。

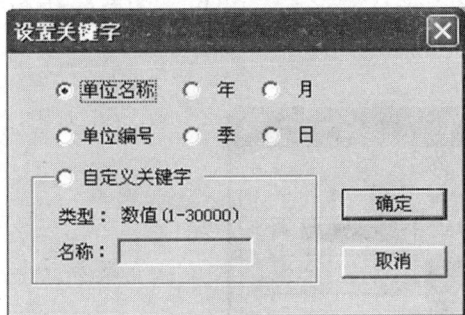

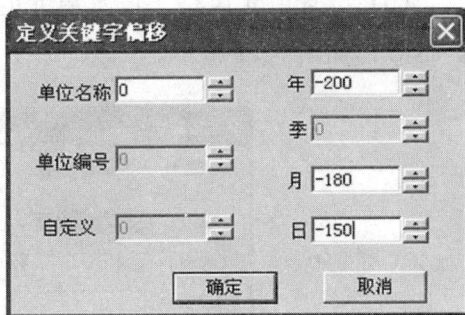

图 8-7　设置关键字　　　　　　　　　　图 8-8　定义关键字偏移

注意：关键字的位置可以用偏移量来表示，负数表示向左移，正数表示向右移，偏移量单位为像素。

（4）定义行高和列宽。选中需要调整的单元，单击【格式】→【行高】及【列宽】菜单，对单元的行高及列宽进行设置，如图 8-9 所示。

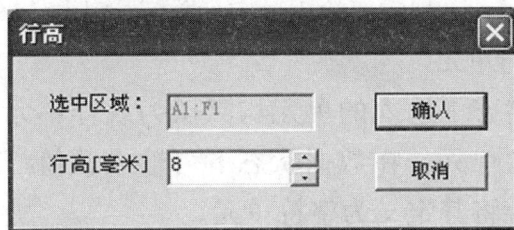

图 8-9　行高对话框

（5）定义组合单元。即把几个单元作为一个单元使用。选择需合并的区

域 "A1：F1"，单击【格式】→【组合单元格】菜单，打开 "组合单元格" 对话框，如图 8-10 所示，选择组合方式 "整体组合" 或 "按行组合"，将该单元格合并成一个单元格

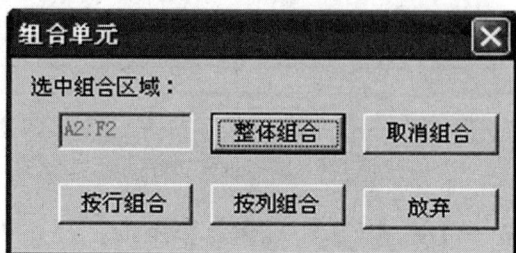

图 8-10　组合单元格

（6）设置单元风格。设置单元的字形、字体、字号、颜色、图案、折行显示等，如图 8-11 所示。

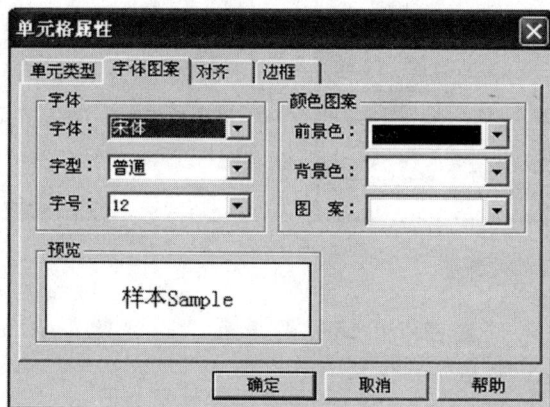

图 8-11　单元格格式设置

（7）设置单元属性。把需要输入数字的单元定为数值单元；把需要输入字符的单元定为字符单元。

注意：格式状态下输入的单元均默认为表样单元，未输入数据的单元均默认为数值单元，在数据状态下可输入数值，若希望在数据状态下输入字符，应将其定义为字符单元。

（8）画表格线。单击【格式】→【区域画线】菜单，打开 "区域画线" 对话框，如图 8-12 所示，将所选区域画上表格线。

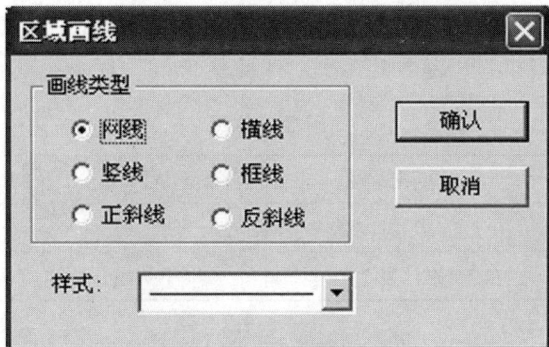

图 8-12 区域画线对话框

（9）设置可变区。即确定可变区在表页上的位置和大小。

3. 定义各类公式

（1）报表公式的分类。

①计算公式：在编制报表时，确定表单元的数据来源的公式，主要作用是在报表生成过程中，从公式描述的数据库文件中提取到指定的数据，进行表达式指定的运算，将结果返回指定的单元地址中。

②审核公式：在数据处理状态，当报表数据录入完毕后，对应报表进行审核，以检查报表各项数据钩稽关系的准确性，当数据不符合钩稽关系时，系统将出现提示信息。

③舍位平衡公式：报表舍位平衡公式是将以元为单位的报表转换为以千元或万元为单位的报表时，为保护报表数据的平衡关系而使用的公式。

（2）单元公式的格式。

目标区域＝算数表达式

①目标区域指用户选择的要进行编辑赋值的单元格或区域。

②算数表达式指表示数据来源和运算关系，数据表达式可以使用单元格的引用、数值、字符、运算符和函数等。

如：D6＝PTOTAL（D1：D5），表示 D6 单元格的值等于 D1 单元格到 D5 单元格值的总和。

（3）取数函数的基本格式。

取数函数名称（"科目编码""会计期间""方向""账套号""会计年度"

"辅助核算信息"……)

①取数函数名称，见表8-1。

表8-1 函数名称

QM（ ）	期末余额	QC（ ）	期初余额
JE（ ）	净发生额	FS（ ）	发生额
LFS（ ）	累计发生额	JG（ ）	取对方科目计算结果

②会计期间。

取数（会计）期间可以直接写日期，或利用报表关键字指定。

如：FS（"101"，月，"借"）表示取报表关键字"月"的借方发生额。

注意：函数中的参数除了日期字符串必须加引号""之外，其他参数可以不加引号。函数中的引号、逗号等标点符号支持全角和半角。

（4）利用函数向导输入公式。

①选中"C4"单元，即"A公司"期初余额。

②单击【数据】→【单元公式】→【编辑公式】菜单，打开"定义公式"窗口，如图8-13所示。

图8-13 公式定义

③单击【函数向导】按钮，打开"函数向导"窗口，如图8-14所示。

④在函数分类列表框中选择"用友账务函数"，在右边的函数名列表中选择"期初（QC）"，单击"下一步"按钮，打开"用友账务函数"对话框。

⑤单击【参照】按钮，打开"账务函数"对话框，将会计科目设置为"1131"，将客户编码设置为"A公司"，其他默认，然后单击"确定"按钮。

⑥同理，设置其他单元格：期初余额使用"QC"函数；本期发生使用"FS"函数，方向设置选择"借"；本期还款使用"FS"函数，方向设置选择"贷"；期末余额使用"QM"函数。

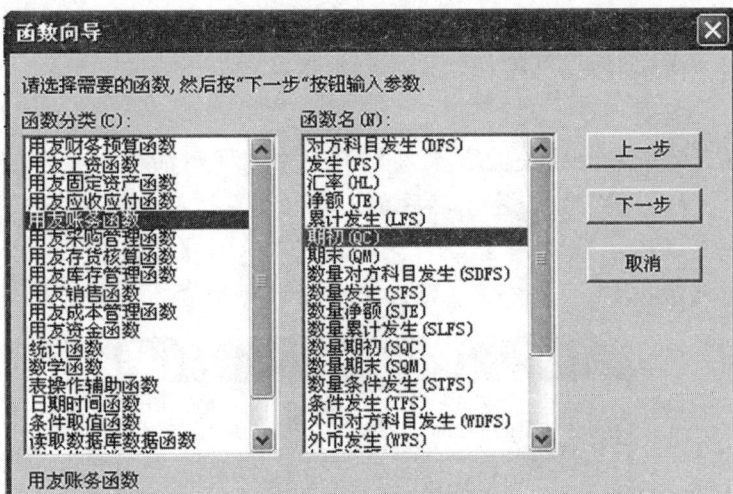

图 8-14　函数向导

4. 报表数据的生成

（1）调用会计报表模板。

①报表子系统中，选择【文件】→【新建】菜单，建立一个新的报表文件。

②格式状态下，选择【格式】→【报表模板】菜单，出现"报表模板"对话框，如图 8-15 所示。

③选择行业会计制度，选择要生成的会计报表，单击【确认】按钮，如图 8-16 所示，弹出"模板格式将覆盖本表格式，是否继续？"提示框，单击【确认】按钮。

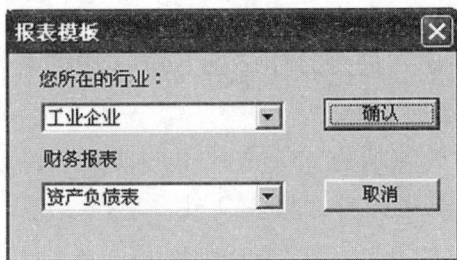

图 8-15　报表模板

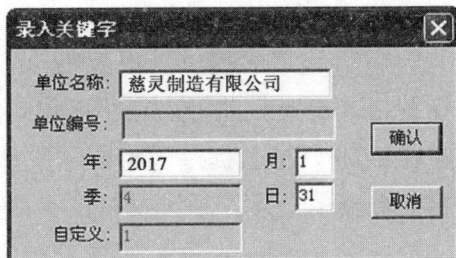

图 8-16　录入关键字

④根据本单位的实际情况，修改报表格式和报表公式。

⑤单击"格式/数据"按钮，切换到数据状态。

（2）打开自定义会计报表。

①在用友 UFO 报表系统中，单击【文件】→【打开】菜单，选择自定义

的报表格式，如"应收账款分析表"，单击【打开】按钮。

②单击"格式/数据"按钮，切换到数据状态。

（3）生成数据。

①选择【数据】→【关键字录入】出现关键字对话框，分别按照报表时间选择将年、月、日分别设定，然后单击【确认】按钮，如图 8-17 所示。

②系统出现提示框"是否重算第 1 页"，单击【是】按钮，重新计算，也可以通过【数据】→【整表重算】来重新计算报表。

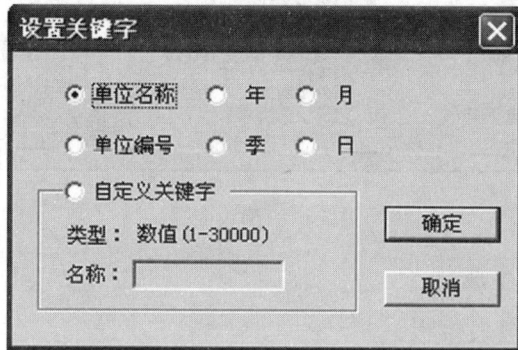

图 8-17　录入关键字

5. 报表的输出

UFO 报表提供了屏幕输出、打印输出和磁介质输出三种方式。

（1）报表的屏幕输出是报表系统的一项常用功能，UFO 可以对当前正在编辑的报表予以查询，也可以对已编辑好的报表的查询结果通过屏幕进行快速高效的输出。

（2）UFO 报表提供了报表的打印输出，进行打印之前，可以进行报表打印的格式设置，并可以在预览窗口中进行预览。

（3）UFO 报表提供了不同文件格式的输出方式，方便不同应用软件之间进行数据的交换，系统支持的报表输出格式有：报表文件（＊.rep）、文本文件（＊.txt）、数据库文件（＊.dbf）、Access 文件（＊.mdb）、Excel 文件（＊.xls）等，同时可以在 UFO 中直接打开这些文件。

6. 退出

所有操作进行完毕之后，不要忘了保存报表文件，保存后可以退出 UFO 系统。如果忘记保存文件，UFO 在退出前将有提示。

CHAPTER
NINE

第 *9* 章

资产负债表日后事项

资产负债表日后事项，是指资产负债表日至财务报告批准报出日之间发生的有利或不利事项。

1. 资产负债表日

资产负债表日是指会计年度末和会计中期期末。按照《会计法》规定，我国会计年度采用公历年度，即 1 月 1 日至 12 月 31 日。因此，年度资产负债表日是指每年的 12 月 31 日，中期资产负债表日是指各会计中期期末。

2. 财务报告批准报出日

财务报告批准报出日是指董事会或类似机构批准财务报告报出的日期，通常是指对财务报告的内容负有法律责任的单位或个人批准财务报告对外公布的日期。

9.1 资产负债表日后调整事项概述

1. 资产负债表日后事项涵盖的期间

资产负债表日后事项涵盖的期间是自资产负债表日后至财务报告批准报出日止的一段时间。具体而言，资产负债表日后事项涵盖的期间包括：

（1）报告年度次年的 1 月 1 日或报告期间下一期的第一天至董事会或类似机构批准财务报告对外公布的日期，即以董事会或类似权力机构批准财务报告对外公布的日期为截止日期。

（2）董事会或类似机构批准财务报告对外公布的日期，与实际对外公布日之间发生的与资产负债表日后事项有关的事项，由此影响财务报告对外公布日期的，应以董事会或类似机构再次批准财务报告对外公布的日期为截止日期。

2. 资产负债表日后事项的内容

（1）调整事项。

资产负债表日后调整事项，是指对资产负债表日已经存在的情况提供了新的或进一步证据的事项。

调整事项的特点是：在资产负债表日已经存在，资产负债表日后得以证实的事项；对按资产负债表日存在状况编制的财务报表产生重大影响的事项。

企业发生的资产负债表日后调整事项，通常包括下列各项。

①资产负债表日后诉讼案件结案，法院判决证实了企业在资产负债表日已经存在现时义务，需要调整原先确认的与诉讼案件相关的预计负债，或确

认一项新负债。

②资产负债表日后取得确凿证据，表明某项资产在资产负债表日发生了减值或者需要调整该项资产原先确认的减值金额。

③资产负债表日后进一步确定了资产负债表日前购入资产的成本或售出资产的收入。

④资产负债表日后发现了财务报告舞弊或差错。

（2）非调整事项。

资产负债表日后非调整事项，是指表明资产负债表日后发生的情况的事项。企业发生的资产负债表日后非调整事项，通常包括下列各项。

①资产负债表日后发生重大诉讼、仲裁、承诺。

②资产负债表日后资产价格、税收政策、外汇汇率发生重大变化。

③资产负债表日后因自然灾害导致资产发生重大损失。

④资产负债表日后发行股票和债券以及其他巨额举债。

⑤资产负债表日后资本公积转增资本。

⑥资产负债表日后发生巨额亏损。

⑦资产负债表日后发生企业合并或处置子公司。

⑧资产负债表日后，企业利润分配方案中拟分配的以及经审议批准宣告发放的股利或利润。

3. 资产负债表日后调整事项的处理原则

资产负债表日后发生的各种事项，我们要通过相关标准进行识别与判断，对属于调整的事项，应视同资产负债表当前所发生的事项一样，对相关事项进行业务处理，此时业务处理也一定会影响企业财务报表，因此，我们对相关事项进行业务处理后要对企业财务报表作相应的调整。通常情况下，资产负债表、利润表及相关附表是会计报表调整的主要内容，现金流量表正表不属于调整范畴，但现金流量表的补充资料根据需要应进行调整。资产负债表日后发生调整事项会计报表的相关账目已经结转，在进行账务处理、报表调整时应当分情况进行。

（1）损益类的调整事项。

当资产负债表日后调整事项属于损益类事项，通过"以前年度损益调整"科目核算。以前年度利润减少或发生亏损借记"以前年度损益调整"，以前年度利润增加或发生盈利，贷记"以前年度损益调整"。

（2）利润分配的调整事项。

属于利润分配调整的事项，通过"利润分配——未分配利润"科目核算。属于前期差错更正、资产负债表日后事项，先通过"以前年度损益调整"科目核算，再转入"利润分配——未分配利润"科目。

（3）会计报表的调整事项。

对以上账务进行处理后，会计报表相关项目的数字还应同时调整，调整资产负债表日编制的会计报表相关项目的数字及当期编制的会计报表相关项目的年初数，如果需要提供比较会计报表时，还应对相关会计报表的上年数进行调整。

9.2 资产负债表日后调整事项的会计处理

1. 资产负债表日后调整事项的处理原则

（1）涉及损益的事项，通过"以前年度损益调整"科目核算。如图 9-1 所示。

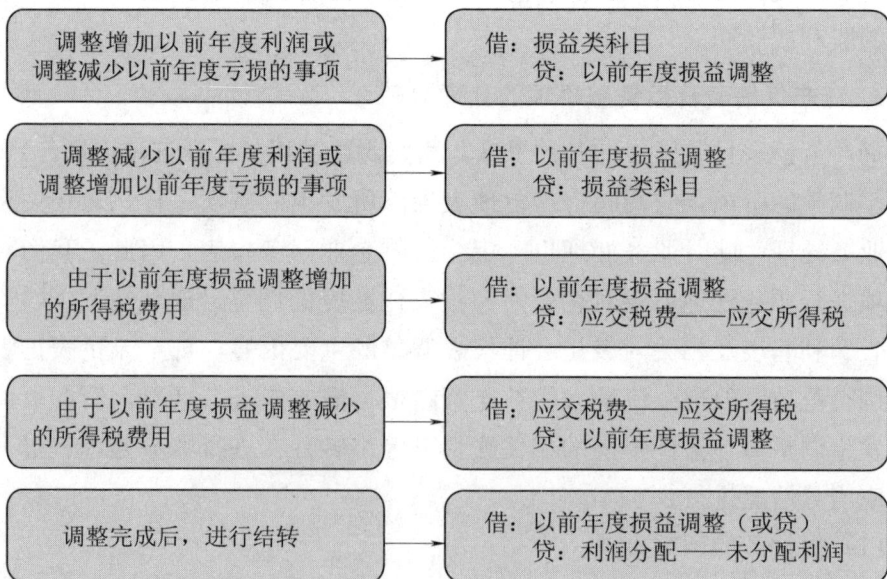

调整增加以前年度利润或调整减少以前年度亏损的事项	借：损益类科目 贷：以前年度损益调整
调整减少以前年度利润或调整增加以前年度亏损的事项	借：以前年度损益调整 贷：损益类科目
由于以前年度损益调整增加的所得税费用	借：以前年度损益调整 贷：应交税费——应交所得税
由于以前年度损益调整减少的所得税费用	借：应交税费——应交所得税 贷：以前年度损益调整
调整完成后，进行结转	借：以前年度损益调整（或贷） 贷：利润分配——未分配利润

图 9-1　以前年度损益调整账务处理

（2）需要注意的是，涉及利润分配调整的事项，直接在"利润分配——未分配利润"科目核算，不涉及损益及利润分配的事项，调整相关科目。

（3）通过上述账务处理后，还应同时调整财务报表相关项目的数字，包括：

①资产负债表日编制的财务报表相关项目的期末数或本年发生数；

②当期编制的财务报表相关项目的期初数或上年数；

③上述调整如果涉及报表附注内容的，还应当作出相应调整。

2. 资产负债表日后调整事项的具体会计处理方法

（1）资产负债表日后诉讼案件结案，人民法院判决证实了企业在资产负债表日已经存在现时义务，需要调整原先确认的与该诉讼案件相关的预计负债，或确认一项新负债。

（2）资产负债表日后取得确凿证据，表明某项资产在资产负债表日发生了减值或者需要调整该项资产原先确认的减值金额。

（3）资产负债表日后进一步确定了资产负债表日前购入资产的成本或售出资产的收入。

（4）资产负债表日后发现了财务报表舞弊或差错。

【**例 9-1**】慈灵制造有限公司为增值税一般纳税人，适用的增值税税率为 17％，适用的所得税税率为 25％，所得税采用资产负债表债务法核算。慈灵制造有限公司按照实现净利润的 10％提取法定盈余公积。慈灵制造有限公司 2017 年度财务会计报告经董事会批准于 2018 年 4 月 25 日对外报出，实际对外公布日为 2018 年 4 月 30 日，假定慈灵制造有限公司所得税汇算清缴已经完成。慈灵制造有限公司于 2018 年 4 月 15 日在对本公司 2017 年度财务报告进行复核时，对以下事项的会计处理提出疑问。

（1）2017 年 10 月 15 日与乙公司签订一项销售合同，合同约定向乙公司销售一批 A 产品。合同约定：该批 A 产品的销售价格为 1 000 万元，包括增值税在内的 A 产品货款分两次等额收取；第一笔货款于合同签订当日收取，第二笔货款于交货时收取。10 月 15 日，慈灵制造有限公司收到第一笔货款 585 万元，并存入银行；甲公司尚未开出增值税专用发票。该批 A 产品的成本估计为 800 万元。至 2017 年 12 月 31 日，慈灵制造有限公司已经开始生产 A 产品但尚未完工，也未收到第二笔货款。

由于 A 产品的风险报酬并没有转移，所以慈灵制造有限公司不能确认收入，调整分录如下：

借：以前年度损益调整——主营业务收入   5 000 000

       应交税费——应交增值税（销项税额）   850 000

           贷：预收账款   5 850 000

借：库存商品   4 000 000

           贷：以前年度损益调整——主营业务成本   4 000 000

借：递延所得税资产 250 000 [（5 000 000－4 000 000）×25％]

           贷：以前年度损益调整——所得税费用   250 000

借：利润分配——未分配利润   750 000

           贷：以前年度损益调整   750 000

借：盈余公积   75 000

           贷：利润分配——未分配利润   7 5000

（2）2017 年 12 月 5 日，与丙公司发生经济诉讼事项，经咨询有关法律顾问，慈灵制造有限公司估计很可能支付 400 万元的赔偿款。经与丙公司协商，在 2018 年 4 月 10 日双方达成协议，由慈灵制造有限公司支付给丙公司 350 万元赔偿款，丙公司撤回起诉。相关赔偿款已于当日支付。慈灵制造有限公司在编制 2017 年度财务会计报告时，将很可能支付的赔偿款 400 万元计入利润表，并在资产负债表上作为负债处理。税法规定，该项赔偿支出允许在实际发生时计入应纳税所得额，慈灵制造有限公司在资产负债表日确认了与负债相关的递延所得税，在 2018 年未做相关会计处理。该事项属于资产负债表日后事项，应调整 2017 年度相关报表项目。

相关调整分录如下：

借：预计负债   4 000 000

           贷：其他应付款   3 500 000

                以前年度损益调整——营业外支出   500 000

借：以前年度损益调整——所得税费用

                            125 000（500 000×25％）

           贷：递延所得税资产   125 000

借：其他应付款 3 500 000

  贷：银行存款 3 500 000

借：以前年度损益调整 375 000 (500 000－125 000)

  贷：利润分配——未分配利润 375 000

借：利润分配——未分配利润 375 000

  贷：盈余公积 375 000

【例 9-2】甲公司为增值税一般纳税企业，适用的增值税税率为 17%，所得税采用资产负债表债务法核算，适用的所得税税率 25%，甲公司按净利润的 10%提取法定盈余公积，假定该公司计提的各种资产减值准备和因或有事项确认的负债均作为暂时性差异处理。甲公司 2017 年度的财务报告于 2018年 4 月 30 日批准报出，所得税汇算清缴日为 5 月 31 日。自 2018 年 1 月 1 日至 4 月 30 日会计报表报出前发生如下事项。

(1) 2017 年 9 月 1 日，甲公司与乙公司签订购销合同，合同规定甲公司在 2017 年 11 月销售给乙公司一批货物，由于甲公司未能按照合同发货，致使乙公司发生重大经济损失。乙公司通过法律要求甲公司赔偿经济损失3 000 000元，该诉讼案在 12 月 31 日尚未判决，甲公司已确认预计负债1 200 000元。2018 年 3 月 25 日，经法院一审判决，甲公司需要赔偿乙公司经济损失 2 400 000 万元，甲公司不再上诉，并且赔偿款已经支付。

借：以前年度损益调整 1 200 000

  预计负债 1 200 000

  贷：其他应付款 2 400 000

借：其他应付款 2 400 000

  贷：银行存款 2 400 000

借：应交税费——应交所得税 600 000 (2 400 000×25%)

  贷：以前年度损益调整 600 000

借：以前年度损益调整 300 000 (1 200 000×25%)

  贷：递延所得税资产 300 000

借：利润分配——未分配利润 900 000

  贷：以前年度损益调整 900 000

借：盈余公积 90 000

  贷：利润分配——未分配利润 90 000

（2）3月20日，甲公司发现在2017年12月31日计算甲库存商品的可变现净值时发生差错，该库存商品的成本为45 000 000元，预计可变现净值应为36 000 000元。2017年12月31日，甲公司误将甲库存商品的可变现净值预计为30 000 000元。

借：存货跌价准备（36 000 000－30 000 000）　　　　6 000 000
　　贷：以前年度损益调整　　　　　　　　　　　　　　　　6 000 000
借：以前年度损益调整（6 000 000×25%）　　　　　1 500 000
　　贷：递延所得税资产　　　　　　　　　　　　　　　　　1 500 000
借：以前年度损益调整（6 000 000－1 500 000）　　4 500 000
　　贷：利润分配——未分配利润　　　　　　　　　　　　　4 500 000
借：利润分配——未分配利润　　　　　　　　　　　　　450 000
　　贷：盈余公积　　　　　　　　　　　　　　　　　　　　　450 000

（3）3月21日，甲公司2017年财务报表调整相关项目见表9-1。

表9-1 相关调整项目

调整项目	影响金额	调整项目	影响金额
利润表项目		资产负债表项目	
营业外支出	1 200 000	其他应付款	2 400 000
资产减值损失	－6 000 000	预计负债	－1 200 000
所得税费用	1 200 000	应交税费	600 000
净利润	3 600 000	递延所得税资产	－1 800 000
		存货	6 000 000
		盈余公积	360 000
		未分配利润	3 240 000

CHAPTER
TEN

第 *10* 章

财务分析

　　财务分析是以企业财务报告及其他资料为主要依据，对企业的财务状况和经营成果进行评价和剖析，反映企业在运营过程中的利弊得失和发展趋势，从而为改进企业财务管理工作和优化经济决策提供重要财务信息。

10.1 会计报表的基本分析法

1. 财务报表的需求者

企业财务报表的主要使用人一般包括以下几种，见表 10-1。

表 10-1　　　　　　　　　　　　　　　财务报表的使用人

使用主体	需要的信息
股权投资人	为决定是否投资，需要分析企业的盈利能力；为决定是否转让股份，需要分析盈利状况、股价变动和发展前景；为考察经营者业绩，需要分析资产盈利水平、破产风险和竞争能力；为决定股利分配政策，需要分析筹资状况
债权人	为决定是否给企业贷款，需要分析贷款的报酬和风险；为了解债务人的短期偿债能力，需要分析其流动状况；为了解债务人长期偿债能力，需要分析其盈利状况和资本结构经理人员为改善经营决策，需要进行内容广泛的财务分析，几乎包括外部使用人关心的所有问题
供应商	为决定是否建立长期合作关系，需要分析企业的长期盈利能力和偿债能力；为决定采用何种信用政策，需要分析公司的短期偿债能力和营运能力
客户	为决定是否建立长期合作关系，需要分析企业的经营风险和破产风险
政府	需要了解企业纳税情况以及职工收入和就业情况

2. 会计报表分析步骤

会计报表分析是一项技术性很强的工作，必须按照科学的程序进行，一般来讲要经过以下几个步骤，如图 10-1 所示。

```
┌──────────────┐    ┌──────────────┐    ┌──────────────┐    ┌──────────────┐
│  明确分析目标  │ ➤ │  确定分析范围  │ ➤ │  确定分析标准  │ ➤ │  收集整理资料  │
└──────────────┘    └──────────────┘    └──────────────┘    └──────────────┘
                                                                    │
                                                                    ▼
┌──────────────────────────────┐        ┌──────────────────────────────┐
│    得出分析结论，撰写分析报告    │   ◀   │      选择适宜的分析方法         │
└──────────────────────────────┘        └──────────────────────────────┘
```

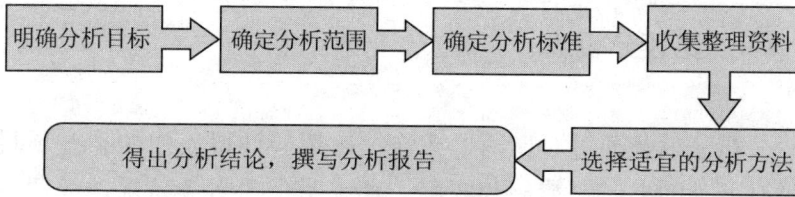

图 10-1　会计报表分析步骤

2. 财务报表分析的目的

财务报表分析的目的是将财务报表数据转换成有用的信息，以帮助信息使用者改善决策，如图 10-2 所示。

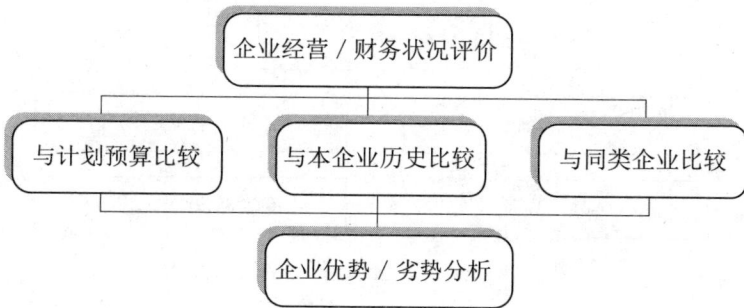

```
                  ┌──────────────────────┐
                  │  企业经营 / 财务状况评价  │
                  └──────────────────────┘
          ┌──────────────┼──────────────┐
   ┌─────────────┐ ┌──────────────┐ ┌─────────────┐
   │  与计划预算比较 │ │  与本企业历史比较 │ │  与同类企业比较 │
   └─────────────┘ └──────────────┘ └─────────────┘
                  ┌──────────────────────┐
                  │  企业优势 / 劣势分析    │
                  └──────────────────────┘
```

图 10-2　财务报表分析目的

3. 财务分析的方法

财务分析的方法，如图 10-3 所示。

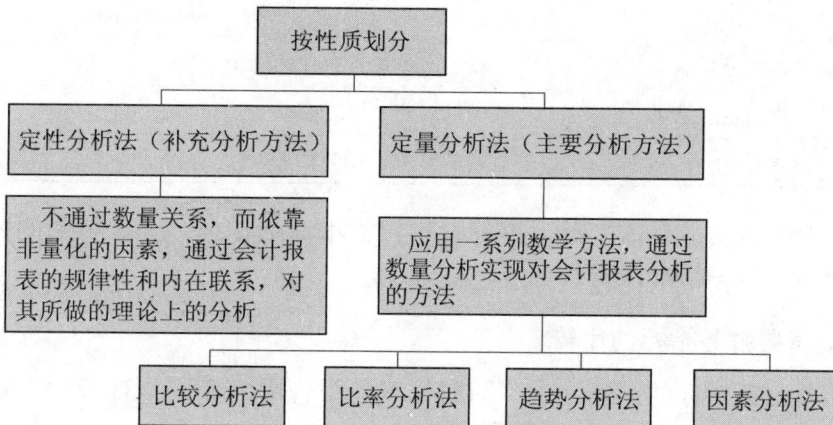

```
                    ┌──────────────┐
                    │   按性质划分    │
                    └──────────────┘
          ┌──────────────────┴──────────────────┐
┌─────────────────────────┐        ┌─────────────────────────┐
│  定性分析法（补充分析方法） │        │  定量分析法（主要分析方法） │
└─────────────────────────┘        └─────────────────────────┘
┌─────────────────────────┐        ┌─────────────────────────┐
│ 不通过数量关系，而依靠      │        │ 应用一系列数学方法，通过     │
│ 非量化的因素，通过会计报     │        │ 数量分析实现对会计报表分析   │
│ 表的规律性和内在联系，对     │        │ 的方法                    │
│ 其所做的理论上的分析        │        │                          │
└─────────────────────────┘        └─────────────────────────┘
          ┌──────────┬──────────┴──────────┬──────────┐
   ┌───────────┐ ┌───────────┐ ┌───────────┐ ┌───────────┐
   │  比较分析法  │ │  比率分析法  │ │  趋势分析法  │ │  因素分析法  │
   └───────────┘ └───────────┘ └───────────┘ └───────────┘
```

图 10-3　财务分析的方法

10.1.1 比较分析法

比较分析法就是通过对比两期或连续数期会计报表中的某些项目或指标数值的增减变动的方向、数额和幅度，来说明企业财务状况、经营成果和现金流量变化的趋势。比较分析法在会计报表分析中的作用主要表现在：通过比较分析，可以发现差距，找出产生差异的原因，进一步判定企业的财务状况和经营成果。通过比较分析，可以确定企业生产经营活动的收益性和资金投向的安全性。

会计报表比较分析的方式主要有下列四种，如图 10-4 所示。

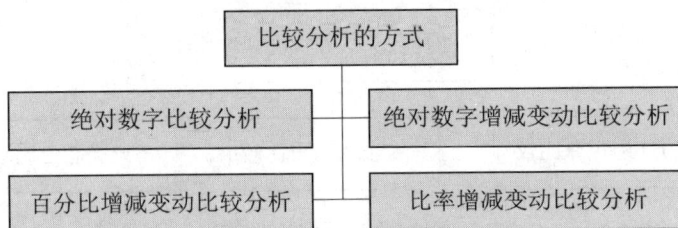

图 10-4　会计报表比较分析的 4 种方式

比较分析法是指对两个或两个以上的可比数据进行对比，找出企业财务状况、经营成果中差异与问题。根据比较对象的不同，比较分析法分为趋势分析法、横向比较法和预算差异分析法。见表 10-2。

表 10-2　　　　　　　　　　　　　　比较分析法

方　法	说　明
趋势分析法	比较的对象是本企业的历史
横向比较法	比较的对象是同类企业
预算差异分析法	比较的对象是预算数据

比较分析法的具体运用主要有重要财务指标的比较、会计报表的比较和会计报表项目构成的比较三种方式。

1. 重要财务指标的比较

重要财务指标的比较是指不同时期财务报告中的相同指标或比率进行纵向比较，直接观察其增减变动情况及变动幅度，考察其发展趋势，预测其发展前景。不同时期财务指标的比较主要有以下两种方法：定基动态比率和环比动态比率。计算方法如下：

$$定基动态比率＝（分析期数额/固定基期数额）×100\%$$

$$环比动态比率＝（分析期数额/前期数额）×100\%$$

2. 会计报表的比较

会计报表的比较是指将连续数期的会计报表的金额并列起来，比较各指标不同期间的增减变动金额和额度，据以判断企业财务状况和经营成果发展变化的一种方法。具体包括资产负债表比较、利润表比较和现金流量表比较等。

3. 会计报表项目构成的比较

这种方法是在会计报表比较的基础上发展而来的，是以会计报表中的某个总体指标为100%，再计算出各组成项目占该总体指标的百分比，从而比较各个项目百分比的增减变动，以此来判断有关财务活动的变化趋势。

采用比较分析法，应当注意以下问题：

（1）计算口径必须保持一致；

（2）应剔除偶发性项目的影响，使分析所利用的数据能反映正常的生产经营状况；

（3）应运用例外原则对某项有显著变动的指标作重点分析。

10.1.2 比率分析法

比率分析法是通过计算各种比率指标来确定财务活动变动程度的方法，包括构成比率、效率比率、相关比率，具体内容见表 10-3。

表 10-3   比率分析法

方法	相关内容
构成比率	$构成比率＝\dfrac{某个组的部分数值}{总体数值}×100\%$
效率比率	是某项财务活动中所费与所得的比率，反映投入与产出的关系
相关比率	是以某个项目和与其有关但又不同的项目加以对比所得的比率，反映有关经济活动的相互关系
应注意的问题	（1）对比项目的相关性 （2）对比口径的一致性 （3）衡量标准的科学性

【例 10-1】思科有限公司上年营业收入净额为 6 792 万元，全部资产平均余额为 2 264 万元，流动资产平均余额为 1 250 万元；本年营业收入净额为 4 752万元，全部资产平均余额为 1 980 万元，流动资产平均余额为 900 万元。

(1) 上年全部资产周转率＝6 792÷2 264＝3（次）

(2) 本年全部资产周转率＝4 752÷1 980＝2.4（次）

(3) 上年流动资产周转率＝6 792÷1 250＝5.43（次）

(4) 本年流动资产周转率＝4 752÷900＝5.28（次）

(5) 上年资产结构＝（1 250÷2 264）×100％＝55.21％

(6) 本年资产结构＝（900÷1 980）×100％＝45.45％

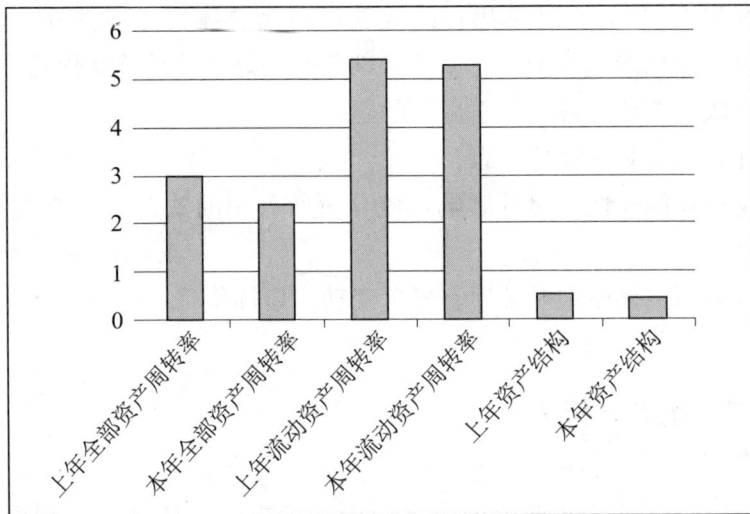

3. 因素分析法

因素分析法是依据分析指标与其影响因素的关系，从数量上确定各因素对分析指标影响方向和影响程度的一种方法。

因素分析法具体有两种：连环替代法和差额分析法。

(1) 连环替代法。

连环替代法，是将分析指标分解为各个可以计量的因素，并根据各个因素之间的依存关系，顺次用各因素的比较值（通常为实际值）替代基准值（通常为标准值或计划值），据以测定各因素对分析指标的影响。

(2) 差额分析法。

差额分析法是连环替代法的一种简化形式，是利用各个因素的比较值与基准值之间的差额，来计算各因素对分析指标的影响。

采用因素分析法时，必须注意以下问题：①因素分解的关联性；②因素替代的顺序性；③顺序替代的顺序性；④计算结果的假定性。

【例 10-2】思科有限公司为一家上市公司，已公布的公司 2017 年财务报告显示，该公司 2017 年净资产收益率为 4.8%，较 2016 年大幅降低，引起了市场各方的广泛关注。为此，某财务分析师详细搜集了科达公司 2016 年和 2017 年的有关财务指标，见表 10-4。

表 10-4 相关财务指标

项 目	2016 年	2017 年
销售净利率	12%	8%
总资产周转率（次）	0.6	0.3
权益乘数	1.8	2

（1）2016 年净资产收益率＝销售净利率×总资产周转率（次）×权益乘数＝12%×0.6×1.8＝12.96%

（2）2017 年净资产收益率＝销售净利率×总资产周转率（次）×权益乘数＝8%×0.3×2＝4.8%，2017 年与 2016 年净资产收益率的差异＝4.8%－12.96%＝－8.16%

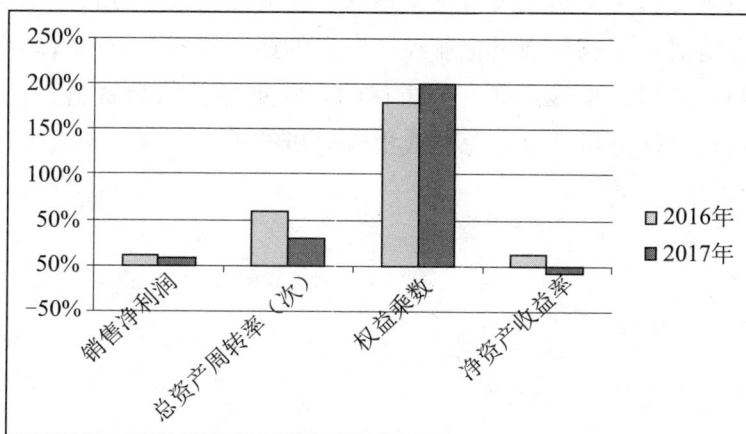

（3）采用因素分析法分析：

①替代销售净利率：8%×0.6×1.8＝8.64%

②替代资产周转率：8%×0.3×1.8＝4.32%

③替代权益乘数：$8\% \times 0.3 \times 2 = 4.8\%$

销售净利率的影响：$(8\% - 12\%) \times 0.6 \times 1.8 = -4.32\%$

总资产周转率的影响：$8\% \times (0.3 - 0.6) \times 1.8 = -4.32\%$

权益乘数的影响：$8\% \times 0.3 \times (2 - 1.8) = 0.48\%$

10.2 基本的财务报表分析

会计报表分析的主要内容包括三个方面：

1. 财务状况分析

财务状况分析主要指对公司目前资产、负债和所有者权益的各个方面进行评价。分析企业资产结构、债务结构、变现能力、偿债能力、资本保值增值能力和现金流量。

2. 盈利能力分析

盈利能力分析主要是通过对各专业及各项收入、成本费用的增长分析、结构分析、预算完成情况分析等，了解企业过去的经营业绩，掌握各项收支因素增减变动对利润的影响。

3. 资产运营效率分析

运营效率分析主要是通过对资产运营产生的经营效果分析它的周转速度、投资回报等情况，了解和衡量企业经济资源的运营状态和资产管理水平。

会计报表分析的步骤：确定分析目的，收集相关信息资料，选择适用分析方法，进行具体分析计算，总结或报告分析结果。

CHAPTER
ELEVEN

第11章
资产负债表分析

    资产负债表包含了丰富的企业财务状况信息，是反映企业全部资产、负债和所有者权益状况的"第一会计报表"。

    通过对资产与负债的组成分析，可以使你了解企业资产、负债质量；通过对资本结构分析，可以使你了解企业财务杠杆利用水平；通过对偿债能力分析，可以使你了解企业是否存在财务风险；通过对资产运营能力分析，可以了解企业资产管理状况和运营效率。

11.1　短期偿债能力分析

短期偿债能力是反映企业在不用变卖或处置固定资产的情况下能够偿还短期债务的能力。短期债务是指流动负债，具体包括短期借款、应付、应交及预收款项等不长于一年或一个经营周期的债务。

评估企业的短期偿债能力可通过分析流动比率、速动比率、现金比率来进行。见表11-1。

表 11-1　　　　　　　　　　　　**短期偿债能力分析**

项目	指标	公式	分　析
短期偿债能力分析	营运资本（绝对数）	＝流动资产－流动负债	数据可直接取自资产负债表。当流动资产大于流动负债时，营运资金为正，说明企业财务状况稳定，反之，则相反
	流动比率（相对数）	＝流动资产÷流动负债	（1）比率越高，说明企业偿还流动负债的能力越强，流动负债得到保障越大。 （2）过高的流动比率也并非好现象，因为流动比率过高，可能是企业滞留在流动资产上的资金过多，可能会影响企业的获利能力
短期偿债能力分析	速动比率（相对数）	＝速动资产÷流动负债	（1）速动资产：流动资产扣除存货后的资产。一般包括货币资金、交易性金融资产、应收账款、应收票据等，一般不包括存货、预付账款、非流动资产。 （2）比率越高说明偿还流动负债的能力越强，比率越低则反之
短期偿债能力分析	现金比率（相对数）	＝（货币资金＋交易性金融资产）÷流动负债	（1）反映企业的直接支付能力； （2）比率高说明企业有较好的支付能力；比率太高也并非好现象，可能影响获利能力

项目	指标	公式	分　　析
短期偿债能力分析	现金流量比率	＝经营活动现金流量净额÷流动负债	流动负债额采用期末数而非平均数，因为实际需要偿还的是期末金额，而非平均金额。用经营活动现金流量净额代替可偿债资产存量，与短期债务进行比较以反应偿债能力，更具说服力

短期偿债能力中的"债"是指"流动负债"，企业偿还流动负债，一般是使用变现性较好的资产，因此，该类指标通常涉及的是"流动资产"和"流动负债"。

一般情况下：流动比率＜速动比率＜现金比率

影响偿债能力的其他因素包括：

（1）可动用的银行贷款指标或授信额度，可以提高企业偿债能力。

（2）资产质量。资产的账面价值与实际价值可能存在差异，如资产可能被高估或低估，一些资产无法进入到财务报表等。此外，资产的变现能力也会影响偿债能力。如果企业存在很快变现的长期资产，会增加企业的短期偿债能力。

（3）或有事项和承诺事项，也会加大企业偿债义务。

（4）经营租赁。经营租赁作为一种表外融资方式，会影响企业的偿债能力，特别是经营租赁期限较长、金额较大的情况。

1. 营运资本

营运资本＝流动资产－流动负债＝长期资本－长期资产

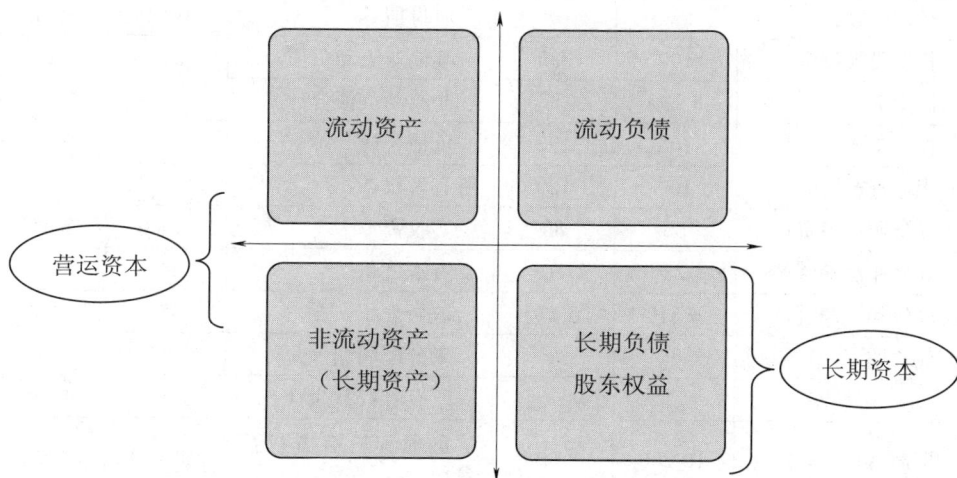

为便于说明，本章各项财务指标的计算，将主要采用思科有限公司作为例子，该公司的资产负债表、利润表见表11-2、11-3。

表 11-2 资产负债表

编制单位：思科有限公司　　　　2017 年 12 月 31 日　　　　　　　　单位：万元

资　产	期末余额	年初余额	负债和所有者权益	期末余额	年初余额
流动资产：			流动负债：		
货币资金	260	135	短期借款	310	235
交易性金融资产	40	70	交易性金融负债	0	0
应收票据	50	65	应付票据	35	30
应收账款	2 000	1 005	应付账款	510	555
预付账款	70	30	预收款项	60	30
应收利息	0	0	其他应付款	240	145
应收股利	0	0	应付职工薪酬	90	105
其他应收款	120	120	应交税费	55	70
存　货	605	1 640	应付股利	0	0
一年内到期的非流动资产	235	0	应付利息	55	35
其他流动资产	210	65	一年内到期的长期负债	260	0
流动资产合计	3 590	3 130	其他流动负债	25	35
非流动资产：			流动负债合计	1 640	1 240
可供出售金融资产	0	0	非流动负债：		
持有至到期投资	0	0	长期借款	2 260	1 235
长期应收款	0	0	应付债券	1 210	1 310
长期股权投资	160	235	其他非流动负债	360	385
固定资产	6 190	4 775	非流动负债合计	3 830	2 930
在建工程	100	185	负债合计	5 470	4 170
无形资产	100	120	所有者权益：		
递延所得税资产	35	85	实收资本	3 000	3 000
其他非流动资产	25	70	资本公积	90	60
非流动资产合计	6 610	5 470	盈余公积	380	210
其他长期资产：			未分配利润	1 260	1 160
			所有者权益合计	4 730	4 430
资产总计	10 200	8 600	负债和所有者权益合计	10 200	8 600

表 11-3 　　　　　　　　　　　　　　利　润　表

编制单位：思科有限公司　　　　　　2017 年 12 月　　　　　　　　单元：万元

项　　目	本年金额	上年金额
一、营业收入	15 010	14 260
减：营业成本	13 230	12 525
营业税金及附加	150	150
销售费用	120	110
管理费用	240	210
财务费用	560	490
加：公允价值变动净收益	110	190
投资净收益	210	130
二、营业利润	1 030	1 095
加：营业外收入	60	95
减：营业外支出	110	35
三、利润总额	980	1 155
减：所得税	330	385
四、净利润	650	770

【例 11-1】根据思科有限公司的财务报表数据：

本年度营运资金＝流动资产－流动负债＝3 590－1 640＝1 950（万元）

上年度营运资金＝流动资产－流动负债＝3 130－1 240＝1 890（万元）

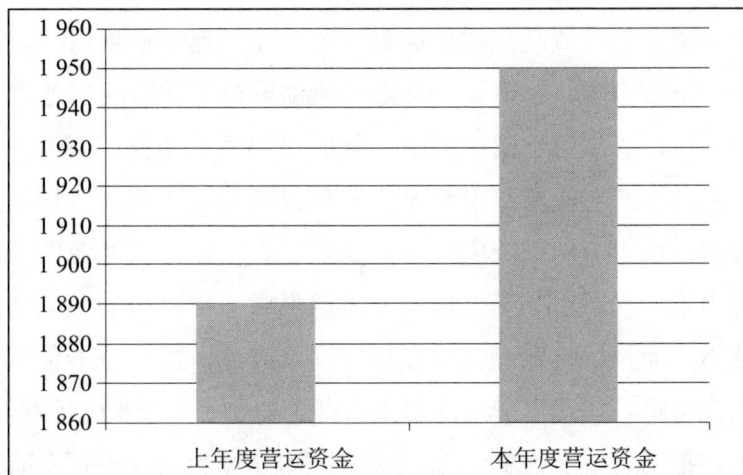

2. 流动比率

流动比率是流动资产与流动负债进行比较的结果，它是分析短期偿债能力的指标。

在流动性资产额与短期需要偿还的债务额之间，要有一个最低的比率。如果达不到这个比率，那么，或者是增加流动资产额，或者是减少短期内需要偿还的债务额。我们把这个比率称为流动比率。流动比率是指流动资产和流动负债的比率，它是衡量企业的流动资产在其短期债务到期前可以变现用于偿还流动负债的能力，表明企业每一元流动负债有多少流动资产作为支付的保障。流动比率是评价企业偿债能力较为常用的比率。它可以衡量企业短期偿债能力的大小，它要求企业的流动资产在清偿完流动负债以后，还有余力来应付日常经营活动中的其他资金需要。根据一般经验判定，流动比率应在200％以上，这样才能保证公司既有较强的偿债能力，又能保证公司生产经营顺利进行。在运用流动比率评价上市公司财务状况时，应注意到各行业的经营性质不同，营业周期不同，对资产流动性要求也不一样，因此200％的流动比率标准，并不是绝对的。

其次，是流动性的资产中有两种资产形态，一种是存货，比如原材料、半成品等实物资产，另一种是速动资产，如上面讲到的证券等金融资产。显而易见，速动资产比存货更容易兑现，它的比重越大，资产流动性就越大。所以，拿速动资产与短期需偿还的债务额相比，就是速动比率。速动比率代表企业以速动资产偿还流动负债的综合能力。速动比率通常以（流动资产－存货）÷流动负债表示，速动资产是指从流动资产中扣除变现速度最慢的存货等资产后，可以直接用于偿还流动负债的那部分流动资产。但也有观点认为，应以（流动资产－待摊费用－存货－预付账款）÷流动负债表示。这种观点比较稳健。由于流动资产中，存货变现能力较差。待摊费用是已经发生的支出，应由本期和以后各期分担的分摊期限在一年以内的各项费用，根本没有变现能力。而预付账款意义与存货等同，因此，这三项不包括在速动资产之内。由此可见，速动比率比流动比率更能表现一个企业的短期偿债能力。一般情况下，把两者确定为1：1是比较讲得通的。因为一份债务有一份速动资产来作保证，就不会发生问题。而且合适的速动比率可以保障公司在偿还债务的同时不会影响生产经营。

　　流动比率表明每1元流动负债有多少流动资产作为保障，流动比率越大通常短期偿期能力越强。一般认为，生产企业合理的最低流动比率是2。需要说明的是，流动比率高不意味着短期偿债能力一定很强，计算出来的流动比率，只有和同行业平均流动比率、本企业历史流动比率进行比较，才能知道这个比率是高还是低。

　　【例 11-2】根据表 11-2 的资料，则思科有限公司流动比率为：

　　年初流动比率＝流动资产÷流动负债＝3 130÷1 240＝2.524

　　年末流动比率＝流动资产÷流动负债＝3 590÷1 640＝2.189

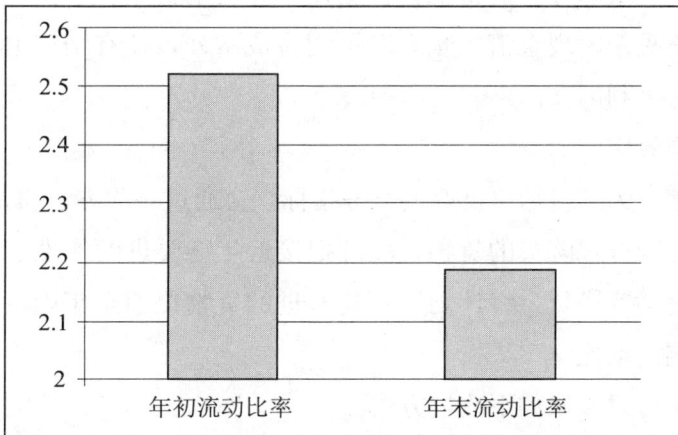

　　流动比率具有以下局限性：

　　（1）无法评估未来资金流量。

　　流动性代表企业运用足够的现金流入以平衡所需现金流出的能力。而流动比率各项要素都来自资产负债表的时点指标，只能表示企业在某一特定时刻一切可用资源及需偿还债务的状态或存量，与未来资金流量并无因果关系。因此，流动比率无法用以评估企业未来资金的流动性。

　　（2）未反映企业资金融通状况。

　　在一个注重财务管理的企业中，持有现金的目的在于防范现金短缺现象。然而，现金属于非获利性或获利性极低的资产，一般企业均尽量减少现金数额。事实上，通常有许多企业在现金短缺时转向金融机构借款，此项资金融通的数额，未能在流动比率的公式中得到反映。

（3）应收账款的偏差性。

应收账款额度的大小往往受销货条件及信用政策等因素的影响，企业的应收账款一般具有循环性质，除非企业清算，否则，应收账款经常保持相对稳定的数额，因而不能将应收账款作为未来现金净流入的可靠指标。在分析流动比率时，如把应收账款的多寡视为未来现金流入量的可靠指标，而未考虑企业的销货条件、信用政策及其他有关因素，则难免会发生偏差。

（4）存货价值确定的不稳定性。

经由存货而产生的未来短期现金流入量，常取决于销售毛利的大小。一般企业均以成本表示存货的价值，并据以计算流动比率。事实上，经由存货而发生的未来短期内现金流入量，除了销售成本外，还有销售毛利，然而流动比率未考虑毛利因素。

（5）粉饰效应。

企业管理者为了显示出良好的财务指标，会通过一些方法粉饰流动比率。例如：对以赊购方式购买的货物，故意把接近年终要进的货推迟到下年初再购买；或年终加速进货，将计划下年初购进的货物提前至年内购进等等，都会人为地影响流动比率。

流动比率可以采取如下改进方法：

（1）检验应收账款质量。

目前企业之间的三角债普遍存在，拖欠周期有些很长，特别是国有大中型企业负债很高，即使企业提取了坏账准备，有时也不足以冲抵实际的坏账数额。显然，这部分应收账款已经不是通常意义上的流动资产了。所以，会计报表的使用者应考虑应收账款的发生额、企业以前年度应收账款中实际发生坏账损失的比例和应收账款的账龄，运用较科学的账龄分析法，从而估计企业应收账款的质量。

（2）选择多种计价属性。

即对流动资产各项目的账面价值与重置成本、现行成本、可收回价值进行比较分析。企业流动资产中的一个主要的组成部分是存货，存货是以历史成本入账的。而事实上，存货极有可能以比该成本高许多的价格卖出去，所以通过销售存货所获得的现金数额往往比计算流动比率时所使用的数额要大。同时随着时间的推移与通货膨胀的持续，存货的历史成本与重置成本必然会产生偏差，但流动比率的计算公式中运用的仅仅是存货的历史成本。为了更真实地反映存货的现行价值，会计报表的使用者应把使用存货的历史成本与使用重置成本或现行成本计算出来的流动比率进行比较。若在重置成本或现行成本下的流动比率比原来的流动比率大，即是有利差异，表明企业的偿债能力得到了增强；反之，则表明企业的偿债能力削弱了。

（3）分析表外因素。

会计报表使用者需要的不仅是对企业当前资金状况的真实而公允的描述，更希望了解有利于决策的、体现企业未来资金流量及融通的预测性信息。但是流动比率本身有一定局限性，如未能较好地反映债务到期日企业资金流量和融通状况。会计报表使用者如利用调整后的流动比率，结合有关的表外因素进行综合分析，则可对企业的偿债能力作出更准确的评估。如：企业会计报表的附注中若存在金额较大的或有负债、股利发放和担保等事项，则可导致企业未来现金的减少，降低企业偿债能力。而如果企业拥有能很快变现的长期资产，或可以运用诸如可动用的银行贷款指标、增发股票等筹资措施，则可使企业的流动资产增加，并提高企业偿还债务的能力。

3. 速动比率

速动比率是衡量企业流动资产中可以立即变现用于偿还流动负债的能力。与流动比率的差异，就是在流动资产与流动负债比较时，将流动资产中的存货（库存材料、库存商品）进行扣除。由于存货质量和周转情况的影响，一般情况下变现能力或得到补偿能力较其他流动资产差，将其从流动资产中扣除后，其他的流动资产显得变现速度更快，称为速动资产。因此，分析速动比率，更可以进一步判断企业的偿债能力或支付能力。其计算公式为：

【公式】速动比率＝速动资产（流动资产－存货）÷流动负债

流动资产包括货币资金、交易性金融资产、各种应收、预付款项、存货、一年内到期的非流动资产、其他流动资产。

速动资产，指可以在较短时间内变现的资产，包括货币资金、交易性金融资产、各种应收款项等。而其他的流动资产如存货、预付款项、一年内到期的非流动资产、其他流动资产则属于非速动资产。如图 11-1 所示。

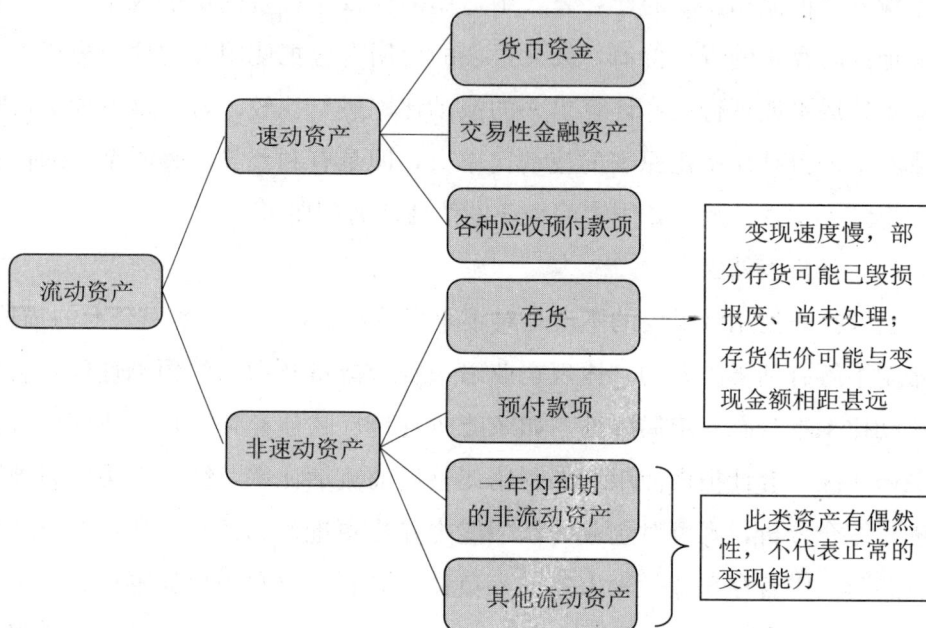

图 11-1　流动资产分类

速动比率同流动比率一样，反映的都是单位资产的流动性以及快速偿还到期负债的能力和水平。一般而言，流动比率是 2，速动比率为 1。但是实务分析中，该比率往往在不同的行业，差别非常大。

速动比率，相对流动比率而言，扣除了一些流动性非常差的资产，如待摊费用，这种资产其实根本就不可能用来偿还债务；另外，考虑存货的毁损、所有权、现值等因素，其变现价值可能与账面价值的差别非常大，因此，将存货也从流动比率中扣除。这样的结果是，速动比率非常苛刻的反映了一个单位能够立即还债的能力和水平。

根据图 11-1 可知：

速动资产＝货币资金＋交易性金融资产＋应收账款＋应收票据

　　　　＝流动资产－存货－预付账款－待摊费用－待处理流动资产损失

【例11-3】根据表11-2的资料，思科有限公司年初速动资产为1 395万元（135＋70＋65＋1 005＋120），年末速动资产为2 470万元（260＋40＋50＋2 000＋120）。则思科有限公司速动比率为：

年初速动比率＝1 395÷1 240＝1.125

年末速动比率＝2 470÷1 640＝1.506

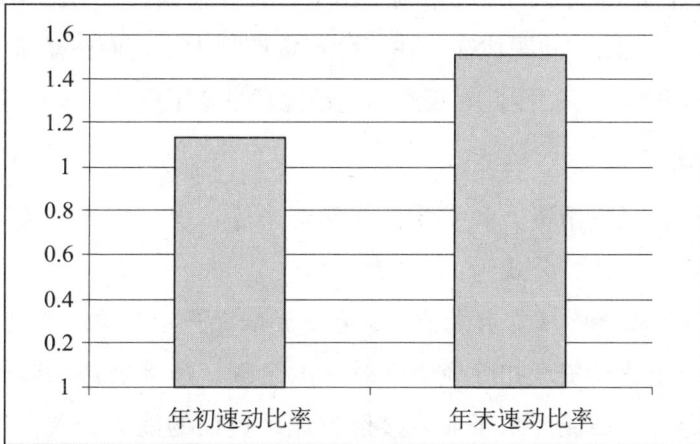

（1）速动比率对短期偿债能力的影响。

速动比率的高低能直接反映企业的短期偿债能力强弱，它是对流动比率的补充，并且比流动比率反映得更加直观可信。如果流动比率较高，但流动资产的流动性却很低，则企业的短期偿债能力仍然不高。在流动资产中有价证券一般可以立刻在证券市场上出售，转化为现金、应收账款、应收票据等项目，可以在短时期内变现，而存货等项目变现时间较长，特别是存货很可能发生积压，滞销、残次、冷背等情况，其流动性较差，因此流动比率较高的企业，并不一定偿还短期债务的能力很强，而速动比率就避免了这种情况的发生。速动比率一般应保持在100％以上。

一般来说 速动比率与流动比率的比值在1和2左右最为合适。

（2）速动比率对安全性的影响。

上市公司资产的安全性应包括两个方面的内容：一是有相对稳定的现金流和流动资产比率；二是短期流动性比较强，不至于影响盈利的稳定性。因此在分析上市公司资产的安全性时，应该从以下两方面入手：首先，上市公司资产的流动性越大，上市公司资产的安全性就越大。假如一个上市公司有500万元的资产，第一种情况是，资产全部为设备；另一种情况是70％的资产为实物资产，其他为各类金融资产。假想，有一天该公司资金发生周转困难，公司的资产中急需有一部分去兑现偿债时，哪一种情况更能迅速实现兑现呢？理所当然的是后一种情况。因为流动资产比固定资产的流动性大，而更重要的是有价证券便于到证券市场上出售，各种票据也容易到贴现市场上去贴现。许多公司倒闭，问题往往不在于公司资产额太小，而在于资金周转不过来，不能及时清偿债务。因此，资产的流动性就带来了资产的安全性问题。

4. 现金比率

现金资产包括货币资金和交易性金融资产等，现金资产与流动负债的比值称为现金比率。计算公式为：

$$现金比率＝（货币资金＋交易性金融资产）÷流动负债$$

现金比率是速动资产扣除应收账款后的余额。速动资产扣除应收账款后计算出来的金额，最能反映企业直接偿付流动负债的能力。现金比率一般认为20％以上为好。但这一比率过高，就意味着企业流动负债未能得到合理运用，而现金类资产获利能力低，这类资产金额太高会导致企业机会成本增加。

【例 11-4】根据表 11-2 资料，思科有限公司的现金比率为：

年初现金比率＝（135＋70）÷1 240＝0.165

年末现金比率＝（260＋40）÷1 640＝0.183

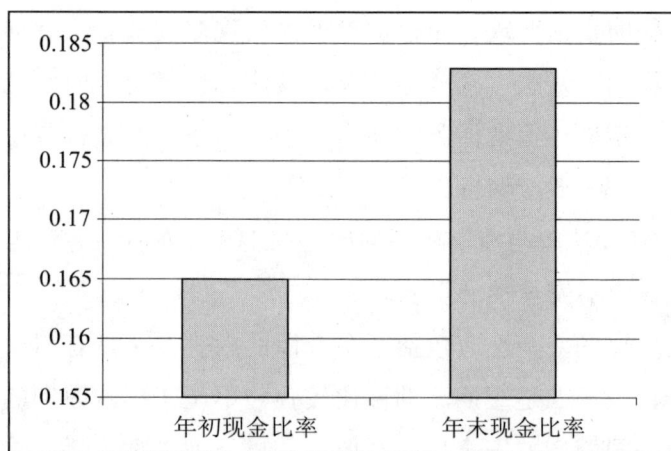

思科有限公司虽然流动比率和速动比率都比较高，但现金比率偏低，说明该公司短期偿债能力还是有一定风险，应减少应收账款，加大应收账款催账力度，以加速应收账款资金的周转。

流动比率、速动比率和现金比率的相互关系：

（1）以全部流动资产作为偿付流动负债的基础，所计算的指标是流动比率。

（2）速动比率以扣除变现能力较差的存货其作为偿付流动负债的基础，它弥补了流动比率的不足。

（3）现金比率以现金类资产作为偿付流动负债的基础，但现金持有量过大会对企业资产利用效果产生副作用，这个指标仅在企业面临财务危机时使用，相对于流动比率和速动比率来说，其作用力度较小。

11.2　长期偿债能力分析

长期偿债能力是指企业偿还长期负债的能力。企业的长期负债主要包括长期借款、应付债券、长期应付款等偿还期在一年以上的债务。

对于企业的长期债权人和投资者来说，不仅关注短期债务偿还能力，更关心长期债务的偿还能力。

分析和评价企业长期偿债能力的指标有：资产负债率、产权比率、权益乘数等。见表 11-4。

表 11-4　　　　　　　　　　　　　　长期偿债能力分析

项　　目	公　　式	说明
资产负债率	＝负债总额÷资产总额×100％	
长期资本负债率	＝非流动负债÷（非流动负债＋股东权益总额）×100％	
产权比率	＝负债总额÷股东权益总额×100％	
权益乘数	权益乘数＝资产总额÷股东权益总额＝1＋产权比率＝1÷（1－资产负债率）＝$\dfrac{资产总额}{资产总额－负债总额}$＝$\dfrac{1}{\dfrac{资产总额－负债总额}{资产总额}}$＝$\dfrac{1}{1－资产负债率}$	还本能力

左侧合并单元格：长期偿债能力分析

	项　目	公　式	说明
长期偿债能力分析	现金流量债务比	＝经营活动现金流量净额÷债务总额×100%	还本能力
	利息保障倍数	＝息税前利润÷利息费用 ＝（净利润＋利息费用＋所得税费用）÷利息费用	付息能力
	现金流量利息保障倍数	经营活动现金净流量÷利息费用	

11.2.1 资产负债率

资产负债率是企业负债总额与资产总额的比率，也称负债率。它反映企业的资产总额中有多少是通过举债获得的资产。

从积极的角度来看，资产负债率普遍偏低，则表明公司的财务成本较低，风险较小，偿债能力强，经营较为稳健，对于投资行为的态度比较慎重。但是，也有专业人士认为，资产负债率的普遍偏低说明企业的经营趋于谨慎。从会计的角度来看，资产负债率过低或过高均属不太正常，如果过低则表明企业的经营非常保守或对于自己的行业看淡。一般情况下，欧美国家的资产负债率是55%左右，日本、韩国则为75%。

对于这个指标，由于投资者、债务人和公司经营者处于不同的利益角度，对它的评价具有差别。

（1）从债权人的立场看。

债权人最关心的是贷给企业的款项的安全程度，也就是能否按期收回本金和利息。如果股东提供的资本与企业资本总额相比，只占较小的比例，则企业的风险将主要由债权人负担，这对债权人来讲是不利的。因此，他们希望债务比例越低越好，企业偿债有保证，则贷款给企业不会有太大的风险。

（2）从股东的角度看。

由于企业通过举债筹措的资金与股东提供的资金在经营中发挥同样的作用，所以，股东所关心的是全部资本利润率是否超过借入款项的利率，即借入资本的代价。在企业所得的全部资本利润率超过因借款而支付的利息率时，股东所得到的利润就会加大。如果相反，运用全部资本所得的利润率低于借款利息率，则对股东不利，因为借入资本的多余的利息要用股东所得的利润份额来弥补。因此，从股东的立场看，在全部资本利润率高于借款利息率时，负债比例越大越好，否则反之。

企业股东常常采用举债经营的方式，以有限的资本、付出有限的代价而取得对企业的控制权，并且可以得到举债经营的杠杆利益。在财务分析中也因此被人们称为财务杠杆。

（3）从经营者的立场看。

如果举债很大，超出债权人心理承受程度，企业就借不到钱。如果企业不举债，或负债比例很小，说明企业畏缩不前，对前途信心不足，利用债权人资本进行经营活动的能力很差。从财务管理的角度来看，企业应当审时度势，全面考虑，在利用资产负债率制定借入资本决策时，必须充分估计预期的利润和增加的风险，在二者之间权衡利害得失，做出正确决策。

【例 11-5】根据表 11-2 的资料，思科有限公司的资产负债率为：

年初资产负债率＝负债总额÷资产总额＝4 170÷8 600×100％＝48.49％

年末资产负债率＝负债总额÷资产总额＝5 470÷10 200×100％
＝53.63％

11.2.2 产权比率

产权比率是负债总额与所有者权益总额的比率，是评估资金结构合理性的一种指标。一般来说，产权比率可反映股东所持股权是否过多，或者是尚不够充分等情况，从另一个侧面表明企业借款经营的程度。

产权比率不仅反映了由债务人提供的资本与所有者提供的资本的相对关系，而且反映了企业自有资金偿还全部债务的能力，因此它又是衡量企业负债经营是否安全有利的重要指标。一般来说，这一比率越低，表明企业长期偿债能力越强，债权人权益保障程度越高，承担的风险越小，一般认为这一比率为 1：1，即 100％以下时，应该是有偿债能力的，但还应该结合企业的具体情况加以分析。当企业的资产收益率大于负债成本率时，负债经营有利于提高资金收益率，获得额外的利润，这时的产权比率可适当高些。产权比率高，是高风险、高报酬的财务结构；产权比率低，是低风险、低报酬的财务结构。

【例 11-6】根据表 11-2 资料，思科有限公司的产权比率为：

年初产权比率＝负债总额÷所有者权益总额＝4 170÷4 430×100％
　　　　　　＝94.13％

年末产权比率＝负债总额÷所有者权益总额＝5 470÷4 730×100％
　　　　　　＝115.64％

11.2.3　权益乘数

权益乘数又称股本乘数，是指资产总额相当于股东权益的倍数。表示企业的负债程度，权益乘数越大，企业负债程度越高。

【例 11-7】根据表 11-2 资料，思科有限公司的权益乘数为：

年初权益乘数＝资产总额÷所有者权益总额＝8 600÷4 430＝1.94
年末权益乘数＝资产总额÷所有者权益总额＝10 200÷4 730＝2.16

11.3　营运能力分析

营运能力主要指资产运用、循环的效率高低。营运能力指标是通过投入与产出（主要指收入）之间的关系反映。企业营运能力分析主要包括：流动资产营运能力分析、固定资产营运能力分析和总资产营运能力分析三个方面。

11.3.1　流动资产营运能力分析

反映流动资产营运能力的指标主要有应收账款周转率、存货周转率和流动资产周转率。见表 11-5。

表 11-5　　　　　　　　　　　流动资产营运能力分析

指标	计算公式	说　明
应收账款周转率	＝销售收入净额÷应收账款平均余额 ＝销售收入净额÷〔（期初应收账款＋期末应收账款）÷2〕 应收账款周转天数＝计算期天数÷应收账款周转天数 ＝计算期天数×应收账款平均余额÷销售收入净额	通常，应收账款周转率越高、周转天数越短表明应收账款管理效率越高
	应收账款周转次数＝计算期天数×应收账款平均余额÷销售收入净额	
存货周转率	存货周转次数＝销售成本÷存货平均余额 存货平均余额＝（期初存货＋期末存货）÷2	存货周转率（次数）是衡量和评价企业购入存货、投入生产、销售收回等各环节管理效率的综合性指标
	存货周转天数是指存货周转一次（即存货取得到存货销售）所需要的时间。计算公式为： 存货周转天数＝计算期天数÷存货周转次数＝计算期天数×存货平均余额÷销售成本	
流动资产周转率	流动资产周转率（次）＝主营业务收入净额÷平均流动资产总额	在一定时期内，流动资产周转次数越多，流动资产利用效果较好。流动资产周转天数越少，表明流动资产在经历生产销售各阶段所占用时间越短，可相对节约流动资产，增强企业盈利能力
	平均流动资产总额＝（流动资产年初数＋流动资产年末数）/2	

资产营运能力分析是对企业资金周转情况进行分析。资金周转的越快，说明资金使用效率越高，企业的经营管理水平越好。

资产营运能力指标包括应收账款周转率、存货周转率、营业周期和流动资产周转率。

1. 应收账款周转率

公司的应收账款在流动资产中具有举足轻重的地位。公司的应收账款如能及时收回，公司的资金使用效率便能大幅提高。应收账款周转率就是反映公司应收账款周转速度的比率。它说明一定期间内公司应收账款转为现金的平均次数。用时间表示的应收账款周转速度为应收账款周转天数，也称平均应收账款回收期或平均收现期。它表示公司从获得应收账款的权利到收回款项、变成现金所需要的时间。计算公式如下：

$$应收账款周转率（次）= \frac{销售收入净额}{应收账款平均余额}$$

$$= \frac{销售收入净额}{\dfrac{期初应收账款 + 期末应收账款}{2}}$$

应收账款周转天数指应收账款周转一次（从销售开始到收回现金）所需要的时间，计算公式为：

$$应收账款周转天数 = 计算期天数 \div 应收账款周转次数$$

一般来说，应收账款周转率越高越好，表明公司收账速度快，平均收账期短，坏账损失少，资产流动快，偿债能力强。与之相对应，应收账款周转天数则是越短越好。如果公司实际收回账款的天数超过了公司规定的应收账款天数，则说明债务人拖欠时间长，资信度低，增加了发生坏账损失的风险；同时也说明公司催收账款不力，使资产形成了呆账甚至坏账，造成了流动资产不流动，这对公司正常的生产经营是很不利的。但从另一方面说，如果公司的应收账款周转天数太短，则表明公司奉行较紧的信用政策，付款条件过于苛刻，这样会限制企业销售量的扩大，特别是当这种限制的代价（机会收益）大于赊销成本时，会影响企业的盈利水平。

2. 存货周转率

存货周转率也叫存货周转天数，它是反映企业在一个年度内销售及消耗转出的存货成本与存货平均余额的比率。存货周转率指标可以用于判断企业存货质量、变现速度，还可以衡量存货的储备是否经济合理。

在流动资产中，存货所占比重较大，存货的流动性将直接影响企业的流动比率。因此，必须特别重视对存货的分析。存货流动性的分析一般通过存货周转率来进行。

存货周转率（次数）是指一定时期内企业销售成本与存货平均资金占用额的比率，是衡量和评价企业购入存货、投入生产、销售收回等各环节管理效率的综合性指标，其意义可以理解为一个财务周期内，存货周转的次数。

一般来讲，存货周转速度越快（即存货周转率或存货周转次数越大、存货周转天数越短），存货占用水平越低，流动性越强，存货转化为现金或应收账款的速度就越快，这样会增强企业的短期偿债能力及获利能力。通过存货周转速度分析，有利于找出存货管理中存在的问题，尽可能降低资金占用水平。

【例 11-8】根据表 11-2、11-3 资料，思科有限公司 2017 年度销售成本为 13 230 万元，期初存货为 1 640 万元，期末存货为 605 万元，该公司存货周转率指标为：

$$存货周转次数 = \frac{销售成本}{存货平均余额} = \frac{13\ 230}{(1\ 640 + 605) \div 2}$$

$$= 11.79（次）$$

$$存货周转天数 = 计算期天数 \div 存货周转次数$$

$$= 360 \div 11.79$$

$$= 30.53（天）$$

存货周转率反映了企业销售效率和存货使用效率。在正常情况下，如果企业经营顺利，存货周转率越高，说明企业存货周转得越快，企业的销售能力越强。营运资金占用在存货上的金额也会越少。

3. 流动资产周转率

流动资产周转率又叫流动资产周转次数，是营业收入与全部流动资产的比率。它反映的是全部流动资产的营运效率，用时间表示流动资产周转速度的指标叫做流动资产周转天数，表示流动资产平均周转一次所需的时间。

流动资产周转率反映了企业流动资产的周转速度，是从企业全部资产中流动性最强的流动资产角度对企业资产的利用效率进行分析，以进一步揭示影响企业资产质量的主要因素。要实现该指标的良性变动，应以主营业务收入增幅高于流动资产增幅作保证。通过该指标的对比分析，可以促进企业加强内部管理，充分有效地利用流动资产，如降低成本、调动暂时闲置的货币资金用于短期投资创造收益等，还可以促进企业采取措施扩大销售，提高流动资产的综合使用效率。一般情况下，该指标越高，表明企业流动资产周转速度越快，利用越好。在较快的周转速度下，流动资产会相对节约，相当于流动资产投入的增加，在一定程度上增强了企业的盈利能力；而周转速度慢，则需要补充流动资金参加周转，会形成资金浪费，降低企业盈利能力。

在一定时期内，流动资产周转次数越多，表明以相同的流动资产完成的周转额越多，流动资产利用的效果越好。流动资产周转率用周转天数表示时，周转一次所需要的天数越少，表明流动资产在经历生产和销售各阶段时占用的时间越短，周转越快。生产经营任何一个环节上的工作得到改善，都会反映到周转天数的缩短上来。按天数表示的流动资产周转率能更直接地反映生产经营状况的改善。便于比较不同时期的流动资产周转率，应用较为普遍。

【例 11-9】 根据表 11-2、11-3 资料，思科有限公司 2017 年销售收入净额 15 010 万元，2017 年流动资产期初数为 3 130 万元，期末数为 3 590 万元，则该公司流动资产周转指标计算如下：

$$流动资产周转次数 = \frac{15\ 010}{(3\ 130 + 3\ 590) \div 2} = 4.47（次）$$

$$流动资产周转天数 = 360 \div 4.47 = 80.54（天）$$

11.3.2 固定资产营运能力分析

反映固定资产营运能力的指标为固定资产周转率。固定资产周转率是指企业年销售收入净额与固定资产平均净额的比率。它反映企业固定资产周转情况，从而衡量固定资产利用效率的一项指标。

固定资产周转率是企业实现的年营业收入与平均固定资产净值的比率。主要用于分析对厂房、设备等固定资产的利用效率，比率越高，说明利用率越高，管理水平越好。如果固定资产周转率与同行业平均水平相比偏低，则说明企业对固定资产的利用率较低，可能会影响企业的获利能力。它反应了企业资产的利用程度。其计算公式为：

固定资产周转率 = 销售收入净额 ÷ 固定资产平均净值

固定资产周转率高，说明企业固定资产投资得当，结构合理，利用效率高；反之，如果固定资产周转率不高，则表明固定资产利用效率不高，提供的生产成果不多，企业的营运能力不强。

【例 11-10】 根据表 11-2、11-3 资料，思科有限公司 2016、2017 年的销售收入净额分别为 14 260 万元、15 010 万元，2017 年年初固定资产净值 4 775 万元，2017 年年末为 6190 万元。假设 2016 年年初固定资产净值为 4 000 万元，则固定资产周转率计算如下：

$$2016 年固定资产周转率 = \frac{14\ 260}{(4\ 000 + 4\ 775) \div 2} = 3.25（次）$$

$$2017 年固定资产周转率 = \frac{15\ 010}{(4\ 775 + 6\ 190) \div 2} = 2.74（次）$$

11.3.3 总资产营运能力分析

反映总资产营运能力的指标是总资产周转率，总资产周转率是衡量企业资产管理效率的重要财务比率，在财务分析指标体系中具有重要地位。这一指标通常被定义为销售收入与平均资产总额之比：

$$总资产周转率＝销售收入净额÷平均资产总额$$

其中：

$$平均资产总额＝（期初资产总额＋期末资产总额）/ 2$$

由于年度报告中只包括资产负债表的年初数和年末数，外部报表使用者可直接用资产负债表的年初数来代替上年平均数进行比率分析。这一代替方法也适用于其他的利用资产负债表数据计算的比率。

如果企业的总资产周转率突然上升，而企业的销售收入却无多大变化，则可能是企业本期报废了大量固定资产造成的，而不是企业的资产利用效率提高。

如果企业的总资产周转率较低，且长期处于较低的状态，企业应采取措施提高各项资产的利用效率，处置多余，闲置不用的资产，提高销售收入，从而提高总资产周转率。

如果企业资金占用的波动性较大，总资产平均余额应采用更详细的资料进行计算，如按照月份计算。

通过该指标的对比分析，可以反映企业本年度以及以前年度总资产的运营效率和变化，发现企业与同类企业在资产利用上的差距，促进企业挖掘潜力、积极创收、提高产品市场占有率、提高资产利用效率、一般情况下，该数值越高，表明企业总资产周转速度越快。销售能力越强，资产利用效率越高。

【例 11-11】根据表 11-2、11-3 资料，思科有限公司 2016 年的销售收入净额为 14 260 万元，2017 年为 15 010 万元，2017 年年初资产总额为 8 600 万元，2017 年年末资产总额为 10 200 万元。假设 2016 年年初资产总额为 7 800 万元，则思科有限公司 2016、2017 年总资产周转率计算如下：

$$2016 年总资产周转率 = \frac{14\ 260}{(7\ 800 + 8\ 600) \div 2} = 1.74（次）$$

$$2017\ 年总资产周转率 = \frac{15\ 010}{(8\ 600 + 10\ 200) \div 2} = 1.60\ （次）$$

从以上计算可知，思科有限公司 2017 年总资产周转率比上年减慢，这与前面计算分析固定资产周转速度减慢结论一致，该公司应扩大销售额，处理闲置资产，以提高资产使用效率。

CHAPTER
TWELVE

第*12*章

利润表分析

　　利润表分析最重要的是分析企业如何组织收入、控制成本费用支出实现盈利的能力，评价企业的经营成果。同时还可以通过收支结构和业务结构分析，分析与评价各专业业绩成长对公司总体效益的贡献，以及不同分公司经营成果对公司总体盈利水平的贡献。

　　通过利润表分析，可以评价企业的可持续发展能力，它反映的盈利水平对于上市公司的投资者更为关注，它是资本市场的"晴雨表"。

12.1 利润构成分析

利润构成分析是指对企业利润总额中的各项内容的贡献份额进行分析，这对判别企业利润的真实性及成长性极有帮助。

1. 利润总额构成

利润总额主要由营业利润、投资收益、营业外收支净额及补贴收入构成。其具体释义见表12-1。

表 12-1　　　　　　　　　　　　利润总额构成表

构成	释义	说明
营业利润	公司主营业务生产经营活动产生的利润，来源于资产负债表中除长短期投资以外的所有投资	是一家公司未来发展的根本所在
投资收益	公司对外投资活动的成果，来源于公司资产负债表中的长短期投资	一般来说，它只是暂时闲置资金的利用，并不是公司利润的主要源泉
营业外收支净额	营业外收入减营业外支出后的余额	与公司生产经营及对外投资活动均无关系的收益，完全是偶发的收益
补贴收入	按规定应收取的政策性亏损补贴和其他补贴	

营业利润是企业利润的核心，是企业最稳定的利润来源，能够反映企业管理者的经营管理水平和经营业绩。将营业利润和利润总额进行比较，可以看出企业的盈利质量，并据以预测企业未来的盈利趋势。如果公司利润总额主要来自于营业利润以外的收益，则利润可能存在较大的水分，成长性也就值得怀疑；而如果公司利润增长基本来自于营业利润，则预示着公司较具发展潜力。

利润总额减去所得税费用后的余额即为企业净利润。净利润为正数，表明企业是盈利的，而净利润归投资人所有，所以对于投资人而言，企业的盈利实现了所有者权益的保值和增值；净利润为负数，表明企业是亏损的，对投资人而言，所有者权益正在遭受损失。

2. 利润构成分析

利润构成分析采用结构百分比法，分析相关项目之间的钩稽关系，可以获取大量的有用信息，如图 12-1 所示。

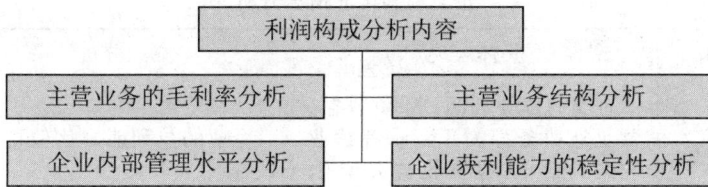

图 12-1　利润构成分析内容

（1）主营业务的毛利率分析。

通过"主营业务利润"与"主营业务收入"相比较，可以了解到企业主营业务的毛利率，借此了解到企业的产品或劳务的技术含量和市场竞争力。

（2）主营业务结构分析。

通过"主营业务利润"与"其他业务利润"相比较，可以了解到企业的主营业务是否突出，并借此对企业未来获利能力的稳定性做出相应的判断。例如，某企业 2016 年利润表中"主营业务利润"和"其他业务利润"分别为678.31 万元和 1 467.09 万元，出现了主营利润小于其他业务利润的异常现象，这就为其 2017 年的巨额亏损提供了重要预警信号。

（3）企业内部管理水平分析。

通过"销售费用""管理费用"和"财务费用"与"主营业务利润"相比较，则可分别了解到企业销售部门、管理部门的内部管理水平、工作效率以及企业融资业务的合理性。再通过企业之间的横向比较及企业前后会计期间的纵向比较，进一步挖掘企业降低"销售费用""管理费用"的潜力，提高其工作效率，并对企业的融资行为作出审慎安排。

（4）企业获利能力的稳定性分析，见表 12-2。

通过营业利润、投资收益、补贴收入、营业外收入、营业外支出与利润总额相比较，可以对企业获利能力的稳定性及可靠性作出基本的判断。即只有企业的营业利润占利润总额的比重较大时，企业的获利能力才较稳定、可靠。

我们将企业的利润表按照其收益来源构成划分为营业利润、投资收益、营业外业务收入（营业外业务收入＝补贴收入＋营业外收入－营业外支出），通过上述收益的划分，我们将企业的利润构成情况大致分为以下六种类型，从而可以进一步详细判定企业盈利能力的稳定性。

表 12-2　　　　　　　　　　　企业利润构成情况分析

当期收益情况	具体表现	分析结果
当期收益为正	企业的营业利润、投资收益、营业外业务都为正，或者营业利润大于 0、投资收益大于 0、营业外业务收入大于 0	企业的盈利能力比较稳定，状况比较好
当期收益为负数	营业利润、投资收益为正，而营业外业务亏损多	虽然企业利润为负，但是系由于企业的营业外收支所导致，构不成企业的经常性利润，所以，并不影响企业的盈利能力状况，这种亏损状况是暂时的
当期收益小于 0	营业利润大于 0，投资收益、营业外业务收入小于 0，致使营业利润＋投资收益小于 0	企业盈利情况比较差，投资业务失利导致企业的营业利润比较差，企业的盈利能力不够稳定
	营业利润小于 0，投资收益小于 0，营业外业务收入小于 0	企业的盈利状况非常差，企业的财务状况值得担忧
当期收益大于 0	营业利润小于 0，投资收益大于 0，营业外业务收入大于 0	企业的利润水平依赖于企业的投资业务和营业外业务，其投资项目的好坏直接关系到企业的盈利能力，投资者应该关注其项目收益的稳定性
	营业利润小于 0，投资收益小于 0，营业外业务收入大于 0	企业的盈利状况很差，虽然当年盈利，但是其经营依赖于企业的营业外收支，持续下去甚至有导致企业破产的可能

12.2　利润表比较分析

利润表的比较分析是将利润表的各项目本年累计数与上年度同期数或行业平均数进行比较，以评价企业本年利润各项目的实现水平和计划完成情况。

利润表的比较分析一般包括横向趋势分析和纵向结构分析两种。

1. 横向趋势比较分析

利润表横向趋势比较分析，是对连续几个年度利润表数据绝对金额及百分率进行比较，编制出横向比较利润表，以分析企业经营成果的动态变化趋势。如果只分析一年的利润表往往不够全面，该年可能有许多非常或偶然事项，不能代表企业的过去，也不能说明其未来。如果企业若干年的财务报表按时间序列作分析，就能看出其发展趋势，也能看出本年度是否具有代表性，有助于规划未来。横向比较分析利润表的格式见表12-3。

表 12-3　　　　　　　　百世制造有限公司横向比较分析利润表

2018 年 1 月 20 日　　　　　　　　　　　　　单位：万元

项　　目	2016 年度	2017 年度	差异额	差额百分比
一、主营业务收入	15 000	18 000	3 000	20.00％
减：主营业务成本	8 800	10 300	1 500	17.05％
税金及附加	980	1 200	220	22.45％
销售费用	1 240	1 440	200	16.13％
管理费用	990	1 200	210	21.21％
财务费用	300	480	180	60.00％
资产减值损失	200	200	0	0.00％
加：公允价值变动收益	40	40	0	0.00％
投资收益	140	140	0	0.00％
二、营业利润（亏损以负号填列）	2 670	3 360	690	25.84％
加：营业外收入（亏损以负号填列）	120	150	30	25.00％
减：营业外支出	550	600	50	9.09％
其中：非流动资产处置损失	250	300	50	20％
三、利润总额（亏损以负号填列）	2 240	2 910	670	29.91％
减：所得税	560	727.5	167.5	29.91％
四、净利润（亏损以负号填列）	1 680	2 182.5	502.5	29.91％
五、每股收益				
（一）基本每股收益	2.1	2.4	0.3	12.5％
（二）稀释每股收益				

通过对表 12-3 的分析，百世制造有限公司经营成果变化主要表现在以下几个方面：

（1）2017 年主营业务收入增长了 20.00%，说明该公司的业务规模有所扩大。

（2）2017 年主营业务成本增长了 17.05%，说明该公司的成本规模也有所扩大。对比营业收入的增加，营业成本的增长幅度小于营业收入的增长幅度，从而导致营业利润的上涨。

（3）尽管销售费用和财务费用所占比重不大，但两者在 2017 年均有不同程度的较大幅度增长，应进一步查明原因，控制此项发展势头。

（4）财务费用在 2017 年有大幅增长，是由于贷款规模尤其是长期贷款规模增加所致。营业外收入增幅达 25%，但由于其具有偶然性，且所占比重较小，因此可不作为分析的重点。

（5）该公司的净利润在 2017 年有所上涨，这说明要想提高公司的盈利能力，既要扩大业务规模，也要进行相关的成本费用控制，改进经营管理。

2. 利润表纵向结构分析

所谓利润表纵向结构分析是将常规形式的利润表换算成结构百分比形式的利润表，即以营业收入总额为共同基数，定为 100%，然后再求出表中各项目相对于共同基数的百分比，从而可以了解企业有关销售利润率以及各项费用率的百分比，同时其他各个项目与关键项目之间的比例关系也会更加清晰地显示出来，可以看出企业财务资源的配置结构。在此基础上，还可将前后几期的结构百分比报表汇集在一起，以判断企业盈利状况的发展趋势。

A 公司纵向结构分析利润表的格式，见表 12-4。

表 12-4 　　　　　　　　　　纵向结构分析利润表

2018 年 1 月 5 日　　　　　　　　　　　　　　单位：元

项　目	2016 年度	2017 年度	差额百分比
一、主营业务收入	101.00%	102.00%	1.00%
减：主营业务成本	55.69%	57.00%	1.31%
税金及附加	5.40%	6.00%	0.60%
销售费用	8.00%	8.50%	0.50%
管理费用	4.68%	5.89%	1.21%
财务费用	1.11%	1.50%	0.39%

项　　目	2016 年度	2017 年度	差额百分比
资产减值损失	0.86%	0.90%	0.04%
加：公允价值变动收益	0.28%	0.25%	−0.03%
投资收益	1.67%	1.50%	−0.17%
二、营业利润（亏损以负号填列）	21.90%	19.25%	−2.65%
加：营业外收入（亏损以负号填列）	0.23%	0.45%	0.22%
减：营业外支出	3.39%	3.25%	−0.14%
其中：非流动资产处置损失	1.90%	1.75%	−0.15%
三、利润总额（亏损以负号填列）	19.61%	18.75%	−0.86%
减：所得税	7.28%	6.60%	−0.68%
四、净利润（亏损以负号填列）	14.94%	13.13%	−1.81%
五、每股收益			
（一）基本每股收益			
（二）稀释每股收益			

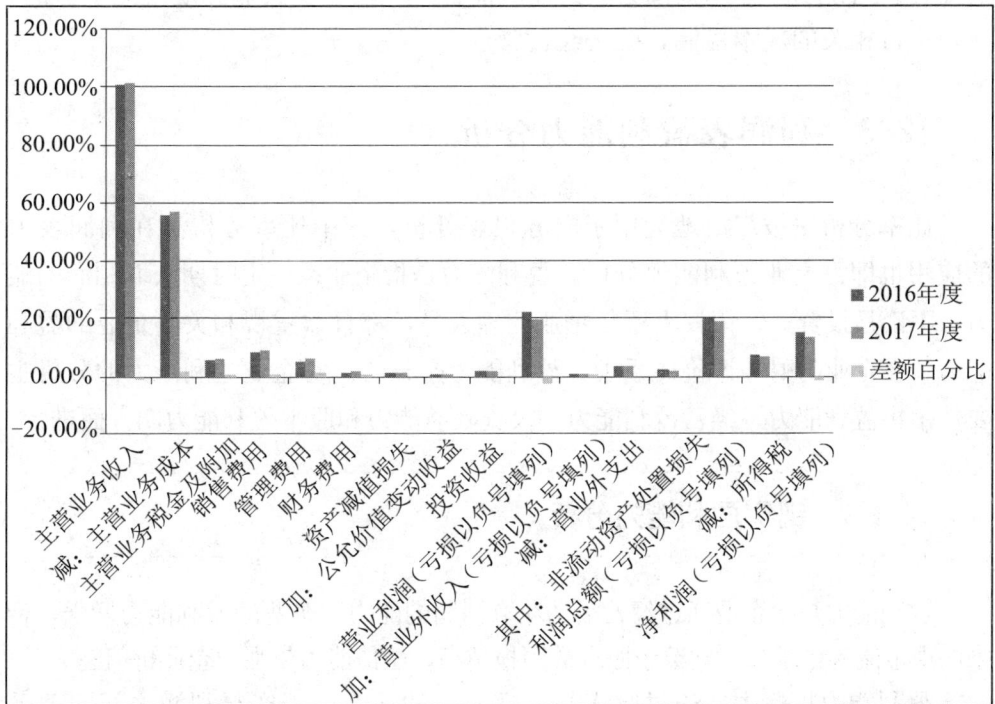

通过对 A 公司 2016 年和 2017 年纵向比较利润表分析，我们可以分析出：

（1）营业成本率呈上升趋势，由 2016 年的 55.69％，上升到 2017 年的 57％，应进一步查明原因，在排除外界物价上涨等因素后，找出内部成本控制方面存在的问题，并加以解决。

（2）销售费用、管理费用和财务费用所占比重较 2016 年均有所上升，这时报表阅读者应注意，如果明显高于同行业平均水平，则应查明原因加强控制。

（3）营业利润率由 2016 年的 21.90％下降至 2017 年的 19.25％，下降了 2.65％，是由于营业成本、税金及附加、销售费用、管理费用和财务费用比重全面上升导致的结果，所以，营业利润率下降的主要原因是由于营业成本的上升导致的。因此下一步的管理重点在于内部挖潜、控制成本。可结合企业产品成本构成资料做进一步的分析。

（4）营业外收入和营业外支出所占比重较小，且变化不大，说明该公司盈利水平受偶然因素影响较小，正常经营业务起决定性作用。

（5）所得税比重有所下降，这是由利润率下降引起的。

（6）2017 年营业收入较上年有所增加，但通过其纵向结构比较分析，则发现该公司的实际盈利水平却反而下降，说明收入的增加并没有带动利润率的提升。这说明，要想提高公司的盈利能力，仅仅靠扩大业务规模是不够的，必须进行相关的成本控制，改进经营管理。

12.3　利润表盈利能力分析

比率分析法被广泛地运用于财务报表分析，其中比率分析法在利润表中的应用也即是企业盈利能力分析。盈利能力是指企业在一定时期获取利润的能力。不论是投资人、债权人还是企业经理人员，都日益重视和关心企业的盈利能力。在企业的财务评价体系中，盈利能力是核心。对企业盈利能力的分析主要从销售盈利能力、经营盈利能力、投资收益能力和股本盈利能力四方面进行。

12.3.1　销售盈利能力分析

盈利能力是指企业通过经营活动获取利润的能力。企业的盈利能力增强，带来的现金流入量越多，则给予股东的回报越高，偿债能力越强，企业价值越大。

盈利能力指标主要通过收入与利润之间的关系、资产与利润之间的关系反映。反映企业盈利能力的指标主要有销售毛利率、销售净利率、资产净利率和净资产收益率。

1. 销售毛利率

销售毛利率是销售毛利与销售收入之比，计算公式如下：

$$销售毛利率＝销售毛利÷销售收入$$

其中，　　　　　　　　　$$销售毛利＝销售收入－销售成本$$

销售毛利率反映产品每销售 1 元所包含的毛利润是多少，即销售收入扣除销售成本后还有多少剩余可用于各期费用和形成利润。销售毛利率越高，表明产品的盈利能力越强。

【例 12-1】根据表 11-3 资料，思科有限公司销售毛利率如下：

2016 年年销售毛利率＝（14 260－12 525）÷14 260＝12.17％

2017 年年销售毛利率＝（15 010－13 230）÷15 010＝11.86％

销售毛利率越高，表明产品的盈利能力越强。

2. 销售净利率

销售净利率是净利润与销售收入之比，计算公式为：

$$销售净利率＝净利润÷销售收入$$

销售净利率反映每 1 元销售收入最终赚取了多少利润，用于反映产品最终的盈利能力。在利润表上，从销售收入到净利润需要扣除销售成本、期间费用、税金等项目。因此，将销售净利率按利润的扣除项目进行分解可以识别影响销售净利率的主要因素。

【例 12-2】根据表 11-3 资料，计算销售净利率如下：

2016 年年销售净利率＝770÷14 260＝5.40％

2017 年年销售净利率＝650÷15 010＝4.33％

3. 总资产净利率

总资产净利率是指利润与平均总资产的比率，反映每 1 元资产创造的净利润。计算公式为：

$$总资产净利率＝（净利润÷平均总资产）\times100\%$$

$$＝\frac{净利润}{平均总资产}＝\frac{净利润}{销售收入}\times\frac{销售收入}{平均总资产}$$

$$＝销售净利率\times总资产周转率$$

总资产净利率衡量的是企业的盈利能力。总资产净利率越高，表明企业资产的利用效果越好。因此，企业可以通过提高销售净利率、加速资产周转来提高总资产净利率。

【例12-3】根据表11-2、表11-3资料,思科有限公司2016年净利润为770万元,年末总资产为8 600万元;2017年净利润650万元,年末总资产为10 200万元。

2016年总资产净利率＝770÷［（6 600＋8 600）/2］×100%
            ＝10.13%

2017年总资产净利率＝650÷［（10 200＋8 600）/2］×100%
            ＝6.91%

总资产净利率越高,表明企业资产的利用效果越好。

4. 净资产收益率

净资产收益率又叫权益净利率或权益报酬率,是净利润与平均所有者权益的比值,表示每1元股东资本赚取的净利润,反映资本经营的盈利能力。计算公式为:

$$净资产收益率＝（净利润÷平均所有者权益）×100\%$$

$$＝\frac{净利润}{平均净资产}$$

$$＝\frac{净利润}{平均总资产}×\frac{平均总资产}{平均净资产}$$

$$＝资产净利率×权益乘数$$

净资产收益率越高,股东和债权人的利益保障程度越高。但净资产收益率不是一个越高越好的概念,分析时要注意企业的财务风险。

【例12-4】奔腾公司为一家上市公司,已公布的公司2017年财务报告显示,该公司2017年净资产收益率为4.8%,较2016年大幅降低。奔腾公司2016年和2017年有关财务指标,见表12-5。

表12-5   相关财务指标

项　　目	2016 年	2017 年
销售净利率	12%	8%
总资产周转率（次数）	0.6	0.3
权益乘数	1.8	2

2016年净资产收益率＝12%×0.6×1.8＝12.96%

2017 年净资产收益率＝8％×0.3×2＝4.8％

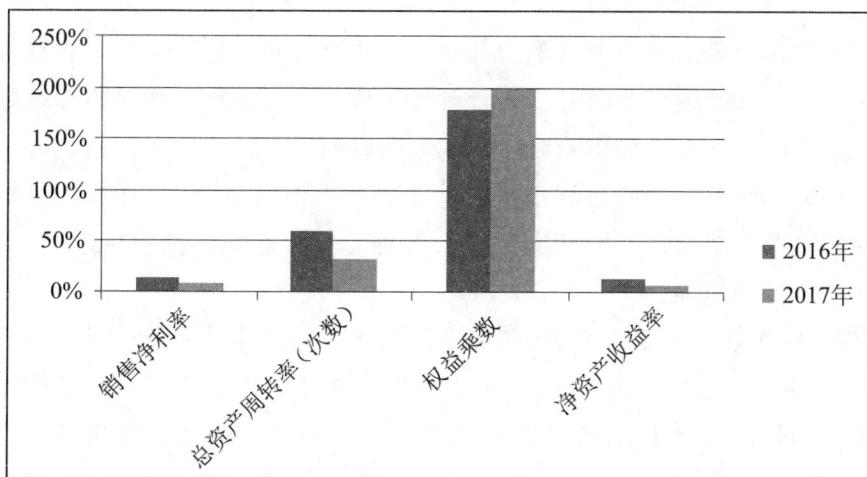

净资产收益率指标越高，说明投资带来的收益越高；净资产收益率越低，说明企业所有者权益的获利能力越弱。该指标体现了自有资本获得净收益的能力。

一般来说，负债增加会导致净资产收益率的上升。

企业资产包括了两部分，一部分是股东的投资，即所有者权益（它是股东投入的股本，企业公积金和留存收益等的总和），另一部分是企业借入和暂时占用的资金。企业适当地运用财务杠杆可以提高资金的使用效率，借入的资金过多会增大企业的财务风险，但一般可以提高盈利，借入的资金过少会降低资金的使用效率。净资产收益率是衡量股东资金使用效率的重要财务指标。

12.3.2 股本盈利能力分析

与股本有关的盈利能力指标有每股收益、每股股利、股利支付率、每股净资产和市盈率等。

1. 每股收益

每股收益即每股盈利（EPS），又称每股税后利润、每股盈余，指税后利润与股本总数的比率。每股收益计算公式为：

基本每股收益＝归属于普通股股东的净利润÷当期发行在外普通股的加权平均数

其中：发行在外普通股的加权平均数＝期初发行在外普通股股数＋当期新发普通股股数×已发行时间÷报告期时间－当期回购普通股股数×已回购时间÷报告期时间

该比率反映普通股的盈利水平，是衡量上市公司盈利能力的重要财务指标，对于公司股票市价、股利支付能力等均有重要影响。该指标越高，说明公司的盈利能力越强。

【例 12-5】春兰上市公司 2016 年度归属于普通股股东的净利润为 55 000 万元，2013 年年末的股本为 10 000 万股，2016 年 4 月 7 日，经公司 2015 年度股东大会决议，以截止 2015 年末公司总股本为基础，向全体股东每 10 股送红股 10 股，工商注册登记变更完成后公司总股本变为 20 000 万股。2016 年 11 月 29 日发行新股本 9 000 万股。

$$基本每股收益＝\frac{55\ 000}{10\ 000＋10\ 000＋9\ 000×\frac{1}{12}}＝2.65（元/股）$$

2. 每股股利

每股股利是企业股利总额与普通股股数的比值，计算公式为：

$$每股股利＝\frac{普通股股利}{普通股股数}$$

该指标反映普通股每股获得现金股利的多少，该指标越高，不仅能够体现公司具有较强的盈利能力，而且体现公司的股利政策和现金是否充足。

【例 12-6】某上市公司 2017 年度发放普通股股利 7 200 万元，年末发行在外的普通股股数为 10 000 万股。每股股利计算如下：

$$每股股利＝\frac{7\ 200}{10\ 000}＝0.72（元）$$

3. 市盈率

市盈率是股票每股市价与每股收益的比率，反映普通股股东为获得 1 元净利润所愿意支付的股票价格。计算公式为：

$$市盈率＝\frac{每股市价}{每股收益}$$

该指标是市场对公司的共同期望指标，可以用来评估股票投资的报酬与风险。市盈率越高，表明市场对公司的未来发展前景看好。

【例12-7】按【例12-6】，假设2017年年末每股市价14.4元。则该公司2017年年末市盈率计算如下：

$$市盈率 = \frac{14.4}{0.72} = 20（倍）$$

很显然，股票的市盈率与股价成正比，与每股净收益成反比。股票的价格越高，则市盈率越高；而每股净收益越高，市盈率则越低。

4. 每股净资产

每股净资产，又称每股账面价值，是指企业期末净资产与期末发行在外的普通股股数之间的比率。计算公式为：

$$每股净资产 = \frac{期末净资产}{期末发行在外的普通股股数}$$

该指标表明发行在外的每股股票所代表的净资产的账面价值，在公司性质相同、股票市价相近的条件下，公司每股净资产越高，则该公司发展潜力与股票的投资价值越大，投资者所承受风险越小。

【例12-8】思科有限公司2017年年末股东权益为27 720万元，全部为普通股，年末发行在外的普通股股数为19 800万股。则每股净资产计算公式：

$$每股净资产 = \frac{27\ 720}{19\ 800} = 1.4（元）$$

每股净资产指标反映了在会计期末每一股份在企业账面上到底值多少钱，它与股票面值、发行价值、市场价值有较大的差距。普通股市净率是每股市价与每股净资产的比率，是投资者用以衡量、分析个股是否具有投资价值的工具之一。市净率的计算公式如下：

$$市净率 = \frac{每股市价}{每股净资产}$$

【例12-9】承【例12-8】资料，假设该上市公司2017年年末每股市价为7元，则该公司2017年年末市净率计算公式如下：

$$市净率 = \frac{7}{1.4} = 5（倍）$$

一般来说，市净率较低的股票，投资价值较高；反之，则投资价值较低。

5. 股利支付率

股利支付率是指净收益中股利所占的比重。它反映公司的股利分配政策和股利支付能力。

其计算公式为：

$$股利支付率＝每股股利÷每股净收益×100\%$$

该指标只反映当年税后利润用以支付股利的程度，该指标取决于公司的股利政策，没有具体的标准来判断股利支付率是大好还是小好。一般来说，公司发放股利越多，股利的支付率越高，因而对股东和潜在的投资者的吸引力越大，也就越有利于建立良好的公司信誉。

由于投资者对公司的信任，会使公司股票供不应求，从而使公司股票市价上升。公司股票的市价越高，对公司吸引投资、再融资越有利。

12.3.3 投资收益能力分析

投资收益能力是企业投入资金的增值能力，一般用实现利润和占用投入资金的比率来说明投资收益能力的大小。

1. 总资产报酬率

总资产报酬率又称资产所得率，是指企业一定时期内获得的报酬总额与资产平均总额的比率。它表示企业包括净资产和负债在内的全部资产的总体获利能力，用以评价企业运用全部资产的总体获利能力，是评价企业资产运营效益的重要指标。

（1）表示企业全部资产获取收益的水平，全面反映了企业的获利能力和投入产出状况。通过对该指标的深入分析，可以增强各方面对企业资产经营的关注，促进企业提高单位资产的收益水平。

（2）一般情况下，企业可据此指标与市场资本利率进行比较，如果该指标大于市场利率，则表明企业可以充分利用财务杠杆，进行负债经营，获取尽可能多的收益。

（3）该指标越高，表明企业投入产出的水平越好，企业的资产运营越有效。

总资产报酬率计算公式：

$$总资产报酬率＝（利润总额＋利息支出）÷平均资产总额×100\%$$

利润总额指企业实现的全部利润，包括企业当年营业利润、投资收益、补贴收入、营业外支出净额等项内容，如为亏损，则用"—"号表示。

利息支出是指企业在生产经营过程中实际支出的借款利息、债权利息等。

利润总额与利息支出之和为息税前利润，是指企业当年实现的全部利润与利息支出的合计数。

平均资产总额是指企业资产总额年初数与年末数的平均值，数据取自企业资产负债表。

$$平均资产总额＝（资产总额年初数＋资产总额年末数）÷2$$

【例 12-10】根据表 11-2、11-3，慈灵制造有限公司 2017 利息支出 110 万元，则：平均资产总额＝（10 200＋8 600）÷2＝9 400（万元）

$$
\begin{aligned}
总资产报酬率 &＝（利润总额＋利息支出）÷平均资产总额×100\% \\
&＝（980＋110）÷9\ 400×100\% \\
&＝11.60\%
\end{aligned}
$$

2. 净资产报酬率

净资产报酬率是从所有者权益角度考核其盈利能力的，该指标与资产报酬率的差异仅在于两者分母涵盖的范围不同。资产报酬率分母使用的是全部平均资本（资产平均总额），而净资产报酬率则使用权益资本。计算公式如下：

$$净资产报酬率＝\frac{净利润}{所有者权益平均值}×100\%$$

【例 12-11】根据表 11-2、11-3，慈灵制造有限公司净资产报酬率计算公式如下：

$$
\begin{aligned}
净资产报酬率 &＝\frac{净利润}{所有者权益平均值}×100\% \\
&＝650÷[（4\ 730＋4\ 430）÷2]×100\% \\
&＝650÷4\ 580×100\% \\
&＝14.19\%
\end{aligned}
$$

净资产报酬率，是衡量上市公司盈利能力的重要指标。是指利润额与平均股东权益的比值，该指标越高，说明投资带来的收益越高。

3. 资本金收益率

资本金收益率是站在投资者立场来衡量企业盈利能力的，它直接反映了投资者投资的好坏，是投资者考核企业的资本保值增值程度的基本方式。该指标越大，说明投资人投入资本的获利能力越强，对投资者越具吸引力。反之，则收益水平不高，获利能力不强。

$$资本金收益率 = \frac{净利润}{平均实收资本} \times 100\%$$

【例 12-12】根据表 11-2、11-3，慈灵制造有限公司 2017 年平均实收资本为 3 000 万元。则：

$$
\begin{aligned}
资本金收益率 &= \frac{净利润}{平均实收资本} \times 100\% \\
&= 650 \div 3\,000 \times 100\% \\
&= 21.67\%
\end{aligned}
$$

CHAPTER
THIRTEEN

第*13*章

现金流量表分析

    对现金流量表进行分析，可以反映企业生存和可持续发展能力，观察企业现金的流入来源、流出去向，以及流量大小，判断企业的现金支付能力，评价企业资本运营的效率及良性循环程度。

13.1 现金流量表的结构分析

现金流量表的结构分析，是指将现金流量表的各构成项目分别除以一定的基数，求出各项目现金流量所占总现金流量的比重，明确各项目的现金流量对总现金流量产生的影响。现金流量的结构分析主要包括内部结构分析、流入结构分析、流出结构分析、流入流出比分析。具体内容如图 13-1 所示。

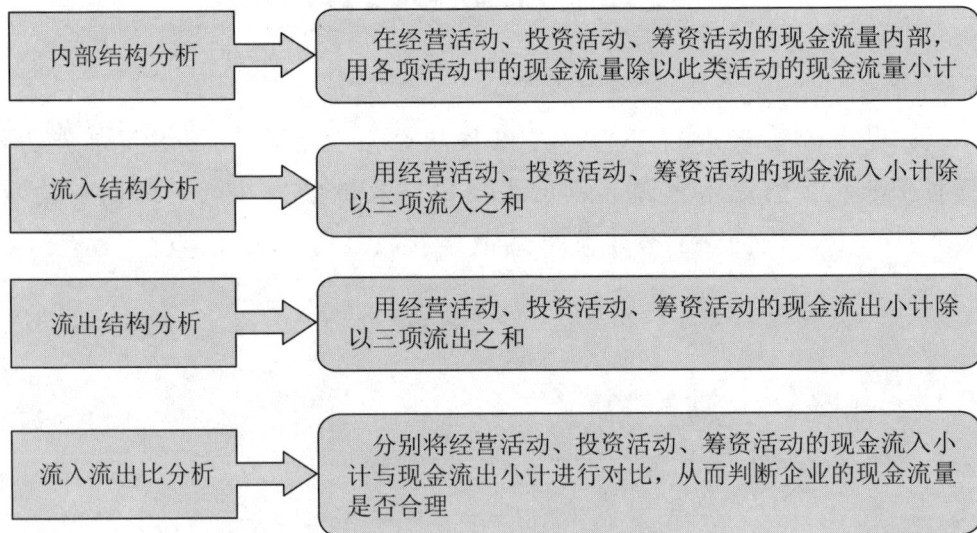

内部结构分析	→	在经营活动、投资活动、筹资活动的现金流量内部，用各项活动中的现金流量除以此类活动的现金流量小计
流入结构分析	→	用经营活动、投资活动、筹资活动的现金流入小计除以三项流入之和
流出结构分析	→	用经营活动、投资活动、筹资活动的现金流出小计除以三项流出之和
流入流出比分析	→	分别将经营活动、投资活动、筹资活动的现金流入小计与现金流出小计进行对比，从而判断企业的现金流量是否合理

图 13-1　现金流量表的结构分析内容

下面通过实例来对现金流量进行结构分析。表 13-1 为慈灵制造有限公司 2016 年度的现金流量结构分析表。

【例 13-1】慈灵制造有限公司现金流量结构分析数据，见表 13-1。

表 13-1　　　　　　　　　　　　**慈灵制造有限公司现金流量结构分析表**

单位：元

项　目	流入	流出	净流量	流入结构	流出结构	内部结构	流入流出比
一、经营活动：							
销售商品、提供劳务	1 191 000					87.99%	
增值税销项税额	162 500					12.01%	
现金收入合计	1 353 500			41.01%		100%	
购买商品、接受劳务		359 800				37.31%	
支付给职工的工资		300 000				31.11%	
支付增值税		145 466				15.08%	
支付所得税		107 089				11.10%	
支付其他税费		2 000				0.21%	
支付其他现金支出		50 000				5.19%	
现金支出小计		964 355			26.22%	100.00%	1.40
现金净额			389 145				
二、投资活动：							
收回投资	216 500					39.59%	
分得股利或利润	30 000					5.49%	
处置固定资产	300 300					54.92%	
现金收入小计	546 800			16.57%		100.00%	
购建固定资产		1 451 000				100%	
现金支出小计		1 451 000			39.45%	100%	0.38
现金流量净额			−904 200				
三、筹资活动：							
借款	1 400 000					100%	
现金收入小计	1 400 000			42.42%		100%	
偿还债务		1 250 000				99.01%	

项　　目	流入	流出	净流量	流入结构	流出结构	内部结构	流入流出比
偿付利息		12 500				0.99%	
现金支出小计		1 262 500			34.33%	100%	1.11
现金流量净额			137 500				
合计	3 300 300	3 677 855	−377 555	100%	100%		

1. 内部结构分析

从慈灵制造有限公司内部结构分析可以看出：经营活动现金流量中，销售收入及增值税销项税额占现金流入的 100%，购买商品、接受劳务支付的价款和支付税金占现金流出的 63.70%，比较正常；投资活动现金流量中，收回投资及处置固定资产收到现金占现金流入的 94.51%，分得股利占 5.49%，说明企业投资活动现金流入绝大部分是回收投资，而非获利，投资活动的现金支出全部是购建固定资产；筹资活动的现金流量全部是借款，筹资活动的现金支出主要是偿还到期债务。

2. 流入结构分析

从慈灵制造有限公司流入结构分析可以看出，经营活动的现金流入占总现金流入的 41.01%，是企业现金流入的主要来源；投资活动的现金流入占 16.57%；筹资活动的现金流入占 42.42%，在企业的现金流入中也占有重要地位。

3. 流出结构分析

从慈灵制造有限公司流入结构分析可以看出，经营活动现金流出占 26.22%，投资活动现占 39.45%，筹资活动现金流出占 34.33%，说明企业的现金流出主要是用来偿还债务、购买固定资产，用于经营活动的较少。

4. 流入流出比分析

从慈灵制造有限公司的流入流出比可以看出：经营活动流入流出比为 1.4，表明企业 1 元的现金流出可换回 1.4 元的现金流入，显然这项流入流出比越高越好。投资活动流入流出比为 0.38，表明企业投资活动的现金流出量大于现金流入量，企业正处在扩张时期。一般而言，发展时期此比值小，衰退或缺少投资机会时此比值大。筹资活动流入流出比为 1.11，表明企业借款数额大于还款数额，有借新债还旧债之嫌。

13.2 现金流量表的趋势分析

现金流量表的趋势分析是指对不同时期现金流量表现金流量指标进行对比确定其增减差异和变动趋势的分析。企业的现金收入、支出以及结余发生了怎样的变动，其变动趋势如何，这种趋势对企业有利还是不利，这就是现金流量的趋势分析。现金流量的趋势分析可以帮助报表使用者了解企业财务状况的变动趋势，了解企业财务状况变动的原因，在此基础上预测企业未来财务状况，从而为决策提供依据。

趋势分析有两方面的含义：一是报表数据在不同会计期间的变化趋势；二是报表内项目比重在不同会计期间的变化趋势，因而，现金流量的趋势分析又可以采用两种分析方法，具体内容如图 13-2 所示：

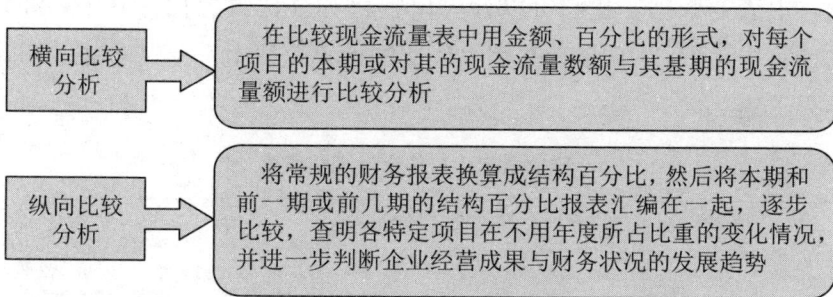

| 横向比较分析 | ⟹ | 在比较现金流量表中用金额、百分比的形式，对每个项目的本期或对其的现金流量数额与其基期的现金流量额进行比较分析 |
| 纵向比较分析 | ⟹ | 将常规的财务报表换算成结构百分比，然后将本期和前一期或前几期的结构百分比报表汇编在一起，逐步比较，查明各特定项目在不用年度所占比重的变化情况，并进一步判断企业经营成果与财务状况的发展趋势 |

图 13-2 趋势分析方法示意图

同时，在对现金流量表进行分析时，常采用定比和环比百分比指标，这两个指标的比较如图 13-3 所示：

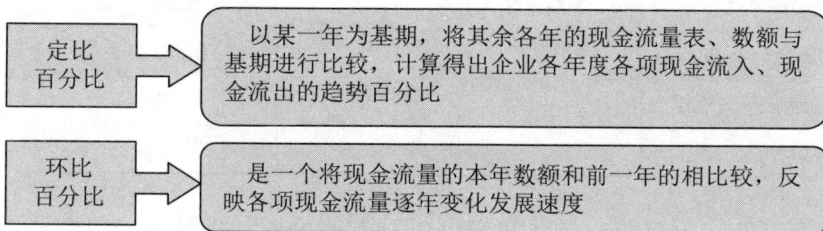

| 定比百分比 | ⟹ | 以某一年为基期，将其余各年的现金流量表、数额与基期进行比较，计算得出企业各年度各项现金流入、现金流出的趋势百分比 |
| 环比百分比 | ⟹ | 是一个将现金流量的本年数额和前一年的相比较，反映各项现金流量逐年变化发展速度 |

图 13-3 趋势百分比指标的比较

【例 13-2】运用定比与环比两个百分比来对现金流量表的相关数据进行分析。表 13-2 为慈灵公司 2015—2017 年的汇总现金流量表。

表 13-2　　　　　　　　慈灵制造有限公司 2015—2017 年的汇总现金流量表

单位：万元

项　　目	2015 年	2016 年	2017 年
现金流入	46 552	54 781	78 572
经营活动现金流入	36 952	46 789	71 020
投资活动现金流入	6 200	4 892	4 652
筹资活动现金流入	3 400	3 100	2 900
现金流出	32 933	36 186	36 973
经营活动现金流出	26 642	30 565	32 816
投资活动现金流出	3 553	3 332	2 445
筹资活动现金流出	2 738	2 289	1 712

通过上表的数据，我们可以计算出定比和环比百分比，其中，在定比百分比的计算中，以 2015 年为基期，环比的计算是以上一年的数据为基期。其计算结果见表 13-3。

表 13-3　　　　　　　　该公司定比与环比计算结果表

项　　目	定比百分比		环比百分比	
	2016 年	2017 年	2016 年	2017 年
现金流入	117.68	168.78	117.68	143.43
经营活动现金流入	126.62	192.20	126.62	151.79
投资活动现金流入	78.90	75.03	78.90	95.09
筹资活动现金流入	91.18	85.29	91.18	93.55
现金流出	109.88	112.27	109.88	102.17
经营活动现金流出	114.72	123.17	114.72	107.36
投资活动现金流出	93.78	68.82	93.78	73.38
筹资活动现金流出	83.6	62.53	83.6	74.79

从上表的定比百分比中，我们可以看到该公司的现金流入量在不断增加，并且，经营活动资金增长很快，但同时投资活动和筹资活动的现金流入与

2015 年相比均有所下降，这说明该公司对于投资和筹资的依赖性逐渐减小。现金流出量也在不断增加，2017 年与 2015 年相比增长了 12.27%，其中，经营活动现金流出增长速度快于总的现金流出，增长了 23.17%。

从环比百分比中，我们可以看到企业的现金流入的增长速度越来越快。其中，经营活动的增长速度快于总现金流入的速度。其中投资活动和筹资活动的现金流入呈负增长。

从现金流量表的趋势分析中，我们还可以看出现金流量比重的变化。从现金流入方面看，导致投资活动和筹资活动的现金流入在全部现金流入中的比重均不断的下降原因是投资活动和筹资活动的现金流入的负增长。在现金流出方面，经营活动的现金流出在全部流出中的比重不断上升，经营活动的现金流出的速度逐渐上升，并且高于全部现金流出的增长速度；投资活动现金流出在全部现金流出中比重的变化幅度波动较大的原因是其增长速度不稳定；筹资活动的现金流出在全部现金流出的比重下降是因为其呈现负增长，且负增长速度较平稳。

13.3 现金流量表的比率

现金流量表提供的信息揭示了企业一定时期内现金流入、流出以及净流量等信息，是信息使用者进行有关决策的重要依据。在现金流量表提供的信息中，经营活动产生的现金净流量的信息最值得关注，将企业经营活动产生的现金净流量与其他报表项目的有关信息进行比较，可以分析企业的偿债能力、获现能力、支付能力和收益质量情况。

13.3.1 反映偿债能力的财务比率

企业真正能用来偿还债务的是资产中的现金流量，所以将企业经营活动产生的现金净流入与债务比较，能更好地反映企业偿还债务的能力。反映企业偿债能力的财务比率现金到期债务比率、现金流动负债比率、现金债务总额比率（现金利息率）。

1. 现金到期债务比率

现金到期债务比率反映企业到期偿还债务的能力，该比率越高，说明企业资产流动性越好，偿债能力越强。如果该比率小于1，说明企业经营活动产生的现金不足以偿付到期债务本息，企业必须对融资或出售资产才能偿还债务。

现金到期债务比率计算公式：

$$现金到期债务比率 = \frac{经营现金净流入}{本期到期的债务}$$

【例13-3】根据表13-7，假设2017年慈灵制造有限公司经营现金净流入为578 756元，本年到期债务为1 916 000元。即：

$$现金到期债务比率 = 578\ 756 \div 1\ 916\ 000 \times 100\%$$
$$= 0.30$$

现金到期债务比率比率小于1，说明公司经营活动产生的现金不足以偿付到期债务本息，企业必须对融资或出售资产才能偿还债务。

2. 现金流动负债比率

现金流动负债比率反映企业现金对流动负债的保障程度，是企业最真实的偿债能力，该比率越大，说明企业经营活动产生的现金净流量越多，越能保障企业按期偿还到期债务。但同时应考虑到企业也会因为置存大量现金而增加管理成本，还可能丧失高收益的投资机会。所以，该比率并不是越大越好，企业应根据自身日常开支情况、生产销售情况、临时筹措资金能力，结合流动比率、速动比率，确定合理的现金流动负债比。

现金流动负债比率计算公式如下：

$$现金流动负债比率 = \frac{经营现金净流入}{流动负债总额}$$

【例13-4】假设2017年慈灵制造有限公司经营现金净流入为578 756元，本年流动负债总额189 000元。即：

$$现金流动负债比率 = \frac{经营现金净流入}{流动负债总额}$$
$$= 578\ 756 \div 189\ 000 = 3.06$$

3. 现金债务总额比率（现金利息率）

现金债务总额比率（现金利息率）反映企业承担债务的能力，也是企业最多可以承受的平均利率水平，比率越高，说明企业举债能力越强。同时还可根据市场利率计算企业最大的举债能力，判断企业是否可以继续借债，可以借多少债。

计算公式为：

$$现金债务总额比率（现金利息率）=\frac{经营现金净流入}{债务总额}$$

【例 13-5】假设 2017 年慈灵制造有限公司经营现金净流入为 578 756 元，本年债务总额 231 000 元。即：

$$现金债务总额比率（现金利息率）=578\ 756\div231\ 000=2.51$$

13.3.2　反映获取现金能力的财务比率

获取现金能力是指企业投入的经济资源获取经营现金净流量的能力，投入的经济资源可以是销售收入、普通股股数、总资产、营运资金、净资产等。反映企业获取现金能力的财务比率。

1. 销售现金流入量比率

销售现金流入量比率是指企业经营活动产生的现金流入量与营业收入的比率。该比率表示每 1 元销售额中企业可获得的现金的比重，它反映销售的质量，其中指标越大，表明企业销售收入的现金回收率越高，对企业越有利。计算公式为：

$$销售现金流入量比率=\frac{经营现金净流入}{销售收入}$$

【例 13-6】假设 2017 年慈灵制造有限公司经营现金净流入为 578 756 元，本年销售收入 323 000 元。即：

$$销售现金流入量比率=578\ 756\div323\ 000=1.79$$

2. 净利润现金比率

净利润现金比率反映企业本期经营活动产生的现金净流量与净利润之间的比率关系。一般来讲，该比率越大，企业盈利质量越高；如果净利润高，而经营活动产生现金流量很低，说明本期净利润中存在尚未实现现金的收入。计算公式为：

$$净利润现金比率=\frac{经营现金净流入}{净利润}$$

【例 13-7】假设 2017 年慈灵制造有限公司经营现金净流入为 578 756 元，本年净利润 589 000 元。即：

$$净利润现金比率=578\ 756÷589\ 000=0.98$$

3. 每股营业现金净流量

每股营业现金净流量，该比率反映企业发行在外的普通股股数与经营活动现金流量净额的关系，可以用来衡量企业运用所有者投入资本创造现金的能力，也反映企业分派现金股利的最大限度。一般而言，每股营业现金净流量越大，所有者投入资本的现金回报能力就越强。

计算公式为：

$$每股营业现金净流量=\frac{经营现金净流入}{普通股股数}$$

【例 13-8】假设 2017 年慈灵制造有限公司经营现金净流入为 578 756 元，本年普通股股数为 5 000 000 股。即：

$$每股营业现金净流量=578\ 756÷5\ 000\ 000=0.12（元/股）$$

4. 全部资产现金回收率

全部资产现金回收率，该比率反映企业资产获得现金的能力，指标越高，说明资产获现能力越强，越能引起投资者的兴趣。

计算公式为：

$$全部资产现金回收率=\frac{经营现金净流入}{全部资产}$$

【例 13-9】假设 2017 年慈灵制造有限公司经营现金净流入为 578 756 元，本年全部资产为 8 900 000 元。即：

$$全部资产现金回收率=578\ 756÷8\ 900\ 000×100\%$$
$$=6.50\%$$

13.3.3 反映支付能力的财务比率

支付能力分析是企业进行筹资和投资决策的重要依据，也是分析企业财务弹性的根本依据。反映企业支付能力的财务比率主要有强制性现金支付比率、再投资比率、每股现金净流量、现金股利保障倍数等。见表 13-4。

表 13-4 现金流量表中反映支付能力的财务比率

财务比率	计算公式	指标说明
强制性现金支付比率	$$\frac{经营现金净流入}{经营活动现金流出量＋偿还债务所支付的现金}$$	强制性现金支付比率是指企业经营活动产生的现金流入量与强制性现金支付项目的比率，是反映企业现金支付能力强弱的指标。该比率越大，表明企业现金支付能力越强。如果比率大于 100%，说明企业创造的现金流入量不仅可以保证强制性现金支付项目的需要，而且还可以用于投资和分派股利
再投资比率	$$\frac{经营现金净流入}{资本性支出}$$	该比率反映企业当期经营现金净流量是否足以支付资本性支出所需要的现金。该比率越高，说明企业扩大生产规模、创造未来现金流量或利润的能力就越强。如果这个比率小于 1，说明企业资本性支出所需要的现金，除经营活动提供外，还包括外部筹借的现金
每股现金净流量	$$\frac{经营现金净流入－优先股股利}{发行在外的普通股加权平均股数}$$	该比率反映企业每一普通股股份的产出效率和分配水平。每股现金净流量越大，企业股利支付能力越强
现金股利保障倍数	$$\frac{每股经营现金净流入}{每股现金股利总额}$$	该比率反映企业支付现金股利的能力。现金股利保障倍数越高，说明企业支付现金股利的能力越强。值得一提的是，非股份制企业可用经营活动现金流量净额与应付投资者利润比较

13.3.4 现金流量质量分析

现金流量是以变现能力为标准确认的企业真实收益。所谓现金流量的质量，是指企业现金流量能够按照预期目标进行循环的效果。

现金流量分析一般包括现金流量的结构分析、流动性分析、获取现金能力分析、财务弹性分析及收益质量分析。这里主要从获取现金能力及收益质量方面介绍现金流量比率。

1. 获取现金能力的分析

获取现金能力的分析主要指标有：销售现金比率、每股营业现金净流量。

（1）销售现金比率。

销售现金比率是指企业经营活动现金流量净额与销售收入的比值。计算公式如下：

$$销售现金比率＝经营活动现金流量净额÷销售收入$$

【例13-10】假若慈灵制造有限公司销售收入（含增值税）18 010万元，经营活动现金流量净额为7 890万元，则：

$$销售现金比率＝7 890÷18 010＝0.44$$

销售现金比率反映每元销售收入得到的现金流量净额，其数值越大越好。

（2）每股营业现金净流量。

每股营业现金净流量是通过企业经营活动现金流量净额与普通股股数之比来反映的。

计算公式如下：

$$每股营业现金净流量＝经营活动现金流量净额÷普通股股数$$

【例13-11】假若慈灵制造有限公司有普通股55 000万股，则：

$$每股营业现金净流量＝7 890÷55 000＝0.14（元/股）$$

每股营业现金净流量指标反映企业最大的分派股利能力，超过此限度，可能就要借款分红。

（3）全部资产现金回收率。

全部资产现金回收率是通过企业经营活动现金流量净额与企业平均资产总额之比来反映的，它说明企业全部资产产生现金的能力。

$$全部资产现金回收率＝经营活动现金流量净额÷平均总资产×100\%$$

【例13-12】假若慈灵制造有限公司平均总资产为92 000万元，则：

$$全部资产现金回收率＝7 890÷92 000×100\%＝8.58\%$$

如果同行业平均全部资产现金回收率为9%，说明假若慈灵制造有限公司资产产生现金的能力较弱。

2. 收益质量分析

收益质量是指会计收益与公司业绩之间的相关性。如果会计收益能如实反映公司业绩，则其收益质量高；反之，则收益质量不高。收益质量分析，主要包括净收益营运指数分析与现金营运指数分析。

（1）净收益营运指数分析。

净收益营运指数分析＝经营净收益÷净利润

其中，经营净收益＝净利润－非经营净收益

【例 13-13】假设假若慈灵制造有限公司有关现金流量补充资料，见表 13-5。

表 13-5　　　　　　　假若慈灵制造有限公司现金流量补充资料　　　　单位：万元

补　充　资　料	金　　额	说　　明
1. 将净利润调节为经营活动现金流量：		
净利润	4 000	
加：计提的资产减值准备	15.8	非付现费用共 3 885.8 万元，可增加会计收益却不会增加现金流入，会使收益质量下降
固定资产折旧	1 480	
无形资产摊销	1 040	
长期待摊费用摊销	1 350	
处置固定资产、无形资产和其他长期资产的损失（减：收益）	－840	
固定资产报废损失	412	非经营收益 463 万元，不代表正常的收益能力
财务费用	435	
投资损失（减：收益）	－470	
递延所得税资产减少（减：增加）	0	
存货的减少（减：增加）	90	经营资产增加 704 万元，如收益不变而现金减少，收益质量下降（收入未收到现金），应查明应收项目增加的原因
经营性应收项目的减少（减：增加）	－794	
经营性应收项目的增加（减：减少）	－870	无息负债减少 558 万元，收益不变而现金减少，收益质量下降
其他	312	
经营活动产生的现金流量净额	6 160.8	

根据表 13-7 的资料，慈灵制造有限公司收益营运指数计算如下：

慈灵制造有限公司经营活动净收益＝4 000－463＝3 537（万元）

净收益营运指数＝3 537÷4 000＝0.88

净收益营运指数越小，非经营收益所占比重越大，收益质量越差。

（2）现金营运指数。

现金营运指数反映企业经营活动现金流量净额与企业经营所得现金的比值，其计算公式为：

$$现金营运指数＝经营活动现金流量净额÷经营所得现金$$

其中：　　经营所得现金＝经营活动净收益＋非付现费用

【例13-14】根据表13-7的资料，慈灵制造有限公司现金营运指数如下：

$$经营所得现金＝经营活动净收益＋非付现费用$$
$$＝3\ 537＋3\ 885.8＝7\ 422.8（万元）$$
$$现金营运指数＝6\ 160.8÷7\ 422.8＝0.83$$

现金营运指数＜1，说明：

①一部分收益尚未取得现金，停留在实物或债权形态，收益质量不好；

②营运资金增加，反映企业为取得同样的收益占用了更多的营运资金，取得收益的代价增加。

【例13-15】某公司2016年度经营现金净流量为25 680 000元，经营净收益为12 417 900，非付现费用为9 863 000元，该公司现金营运指数可以计算如下：

$$现金营运指数＝25\ 680\ 000/（12\ 417\ 900＋9\ 863\ 000）＝1.15$$

计算结果表明，公司现金营运指数为1.15，说明该公司净收益的质量好，净收益中有足够的现金作保障，且生产经营资金周转正常。如果现金营运指数小于1，说明收益质量不够好，已实现的经营收益未能收取现金，即使延迟一段时间后收现，其收益质量也会低于及时收现的收益。

无论是净收益营运指数还是现金营运指数的分析，通常都需要使用连续若干年的数据，仅仅靠一年的数据未必能说明问题。

CHAPTER

FOURTEEN

第 *14* 章

所有者权益变动表分析

所有者权益变动表各项目分析，是将组成所有者权益的主要项目进行具体剖析对比，分析其变动成因、合理合法性、是否有人为操控的迹象等。所有者权益变动表的主要项目，可以从以下公式具体理解。

本期所有者权益变动额＝净利润＋直接计入所有者权益的利得－直接计入所有者权益的损失＋会计政策和会计差错更正的累积影响＋股东投入资本－向股东分配利润－提取盈余公积

14.1　所有者权益变动表各项目分析

所有者权益变动表的结构分析反映了企业所有者权益各项目的分布情况，揭示了企业的经济实力和风险承担能力。此外，由于所有者权益中的盈余公积和未分配利润属于留存收益，是企业税后利润分配的结果。因此，所有者结构分析也能反映出企业的内部积累能力，间接反映企业的经营状况。

14.1.1　其他综合收益分析

其他综合收益，是指不应统一计入当期损益、会导致所有者权益发生增减变动的、与所有者投入资本或者向所有者分配利润无关的利得或者损失。

一般而言，已实现确认的利得与损失在发生当年计入利润表，未实现确认的利得与损失可能在资产负债表中确认，同时，所有者权益变动表涵盖了这些信息。利润表反映公司在会计年度内已实现的损益。若出现未实现的损益，公司的资产价值就会增减，权益也会随之增减，但未实现的损益不在年度利润表中披露，而是直接计入所有者权益。利润表不予披露的未实现损益通常包括图 14-1 所示的几种：

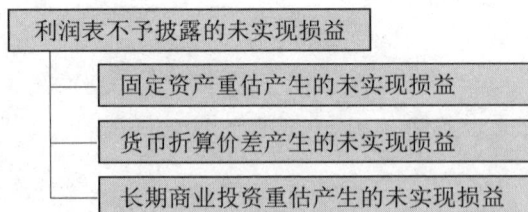

图 14-1　利润表不予披露的未实现损益

在所有者权益变动表中，其他综合收益内容包括如图 14-2 所示的内容。

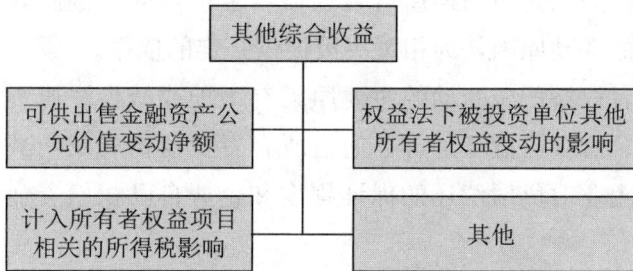

图 14-2　直接计入所有者权益的利得和损失

通过其他综合收益分析，可以进一步说明会计期间所有者权益是如何增减变化的，具体理解见下例。

【例 14-1】天文公司 2017 年实现净利润 580 万元，分配股利 120 万元，增发新股 360 万元，向甲公司投资，股权占甲公司的 40％，甲公司本年亏损 60 万元，试确定所有者权益变动额。

根据净利润与所有者权益变动额的关系公式，该公司所有者权益变动额为：

$$580-24-120+360=796（万元）$$

相关数据，见表 14-1。

表 14-1　　　　　　　　　　　　　　所有者权益增减表

项　　　目	人民币（万元）
税后利润	580
加：直接计入所有者权益的利得与损失	－24（60×40％）
减：股利	120
加：新增股本	360
所有者权益净增加额	796
期初所有者权益	4 120
期末所有者权益	4 916

14.1.2　所有者权益表的结构垂直变动分析

所有者权益变动表的结构分析，又称垂直分析，一般是以所有者权益变动额为基数，计算所有者权益变动表中各个项目相对于基数的百分比。通过结构分析，可以揭示公司当期所有者权益各个项目的比例及其变动情况，说明公司净资产的变动原因，为相关决策提供一定的依据。

引起所有者权益增减变动的主要原因有增加或减少注册资本、资本公积发生增减变化、留存收益增加等。通过所有者权益构成及增减变动分析，可以进一步了解企业对负债偿还的保证程度和企业自己积累资金和融通资金的能力和潜力。

长中海公司 2017 年的所有者权益变动表为基础资料，编制所有者权益变动表的结构分析表，见表 14-2。

表 14-2　　　　　　　　　　所有者权益变动表结构分析表

单位：长中海公司　　　　　　　　　　　　　　　　　　单位：万元

项　　　目	2017 年	变动额	变动额百分比
一、上年年末余额	2 153 000		
加：会计政策变更	60 000		
前期差错更正			
二、本年年初余额	2 213 000		
三、本年增减变动金额（减少以"－"填列）	1 150 000	1 150 000	100.00%
（一）净利润	470 000	470 000	40.87%
（二）其他综合收益	－100 000	－100 000	－8.70%
综合收益小计	100 000	100 000	8.70%
上述（一）和（二）小计	370 000	370 000	32.17%
（三）所有者投入和减少资本	990 000	990 000	86.09%
1. 所有者投入资本	990 000	990 000	86.09%
2. 股份支付计入所有者权益的金额			
3. 其他			
（四）利润分配	－210 000	－210 000	－18.26%
1. 提取盈余公积			
2. 对所有者（或股东）的分配	－210 000	－210 000	－18.26%
3. 其他			
（五）所有者权益内部结转			
1. 资本公积转增资本（或股本）			

项　　目	2016 年	变动额	变动额百分比
2. 盈余公积转增资木（或股本）			
3. 盈余公积弥补亏损			
4. 其他			
四、本年年末余额	3 363 000	1 150 000	100.00%

从表 14-2 可以看出，该公司 2017 年所有者权益年末余额比 2016 年增加 1 150 000 万元，并以其变动额 1 150 000 万元为 100%，分别计算各个项目变动占所有者权益变动额的百分比。其中，所有者投入资本变动占所有者权益变动额的 86.09%，说明所有者投入资本是本年所有者权益变动的主要原因；其次净利润增加占所有者权益变动额的 40.87%，表明本年公司实现的净利润是所有者权益增加的另一个原因。向股东分配股利使所有者权益下降了 18.26%。直接计入所有者权益的利得和损失变动很小，可以忽略不计。通过阅读会计报表附注得知，该公司 2017 年所有者权益增加的主要原因是公司在 2017 年 1 月，以非公开发行股票方式募集资金，扣除发行费用实际募集资金 990 000 万元，其中新增股本 22 100 万股。

影响所有者权益结构的因素主要有以下 5 点：

1. 利润分配政策

企业的利润分配政策会直接影响企业投入资本和留用利润的结构。因为，企业若采用低利润分配政策，而盈余公积、公益金又按照法定比例提取，那么未分配利润自然会增加，必然会引起留用利润的比重提高；反之，采用高利润分配政策会降低留存利润的比重。

2. 企业控制权

企业的控制权掌握在持有一定股份的大股东手中，如果企业决定接受其他投资者的投资，就会使股权稀释，企业的控制权也会相应分散。若企业所有者愿意接受这种筹资政策，则所有者权益结构必然会引起变化；否则，所有者不愿分散对企业的控制权，就会采取负债筹资的方式，这样所有者权益结构也不会受到影响。

3. 所有者权益规模

所有者权益规模的变化会相应引起所有者权益结构的变化。假定在其他条件不变或相对稳定的情况下，追加投资或法定收回投资或者盈余公积转增资本等，都会引起所有者权益总量或其中某项目总量的变动，进而引起所有者权益结构的变动。

4. 权益资本成本

由于所有者承担的风险要大于债权人承担的风险，所以企业的权益资本成本往往要高于负债资本成本。在所有者权益的内部，投入资本的资本成本往往要比留用利润的资本成本要高。因此，企业要降低筹资成本，应尽量利用留用利润，加大其比重，这样，就会相应降低综合资本成本率。

5. 外部因素

企业在选择筹资渠道时，还会受到经济环境、金融政策、资本市场状况等外部因素的制约，企业的筹资方式会受这些因素的影响，所有者权益结构也必然会受其影响。

14.2 所有者权益变动表投资报酬分析

投资报酬是指企业投入资本后的回报。从经济学的观点来看，投资是消费的延迟，目的是为了增加未来的财富。衡量投资者获得回报的主要财务指标有 3 种：资本金收益率、资本保值增值率、资本积累率。资本金收益率在第 12 章已介绍，本节不在赘述。

14.2.1 资本保值增长率

资本保值增长率是企业扣除客观因素后的本年年末所有者权益总额与年初所有者权益总额的比率，反映企业资本的运营效果和状况，是企业当年资本在企业自身努力下的实际增减变动的情况。其计算公式为：

资本保值增值率＝扣除客观因素的年末所有者权益总额／年初所有者权益总额×100％

资本保值增值结果的分析指标有 3 个，具体内容如图 14-3 所示：

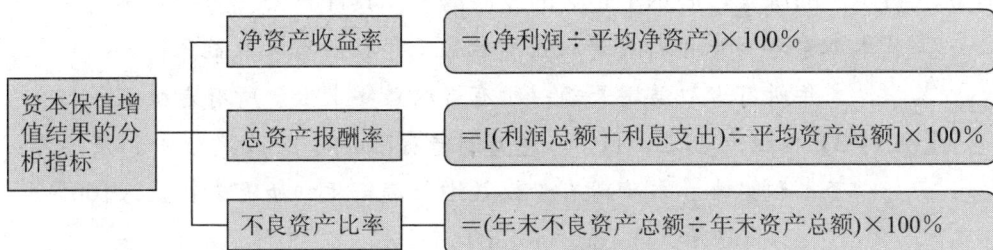

图 14-3 资本保值增值结果的分析指标

一般认为，资本保值增值率越高，表明企业的资本保全状况越好，所有者权益增长越快，债权人的债务越有保障。该指标通常应当大于 100%。

资本保值增值率是指所有者权益的期末总额与期初总额之比，计算公式为：

资本保值增值率＝期末所有者权益÷期初所有者权益×100%

＝扣除客观因素后的年末所有者权益总额÷年初所有者权益总额×100%

【例 14-2】博达公司 2017 年财务报表有关资料，见表 14-3。

表 14-3   **2017 年财务报表相关数据**   单位：万元

资产负债表项目	年 初 数	年 末 数
资产	8 000	10 000
负债	4 500	6 000
所有者权益	3 500	4 000
利润表项目	上年数	本年数
销售收入净额	（略）	20 000
净利润	（略）	500

2017 年资本保值增值率＝4 000÷3 500×100%

＝114.28%

14.2.2 资本积累率

资本积累率是指企业本年所有者权益增长额同年初所有者权益的比率。

它反映的是企业当年的积累能力，是评价企业发展潜力的重要标志，也是企业扩大再生产的源泉，展示了企业的发展潜力。其计算公式为：

资本积累率＝本年所有者权益增长额÷年初所有者权益×100％

其中，本年所有者权益增长额＝所有者权益年末数－所有者权益年初数

【例 14-3】根据表 11-2、11-3，慈灵制造有限公司 2017 年资本积累率为：

资本积累率＝本年所有者权益增长额÷年初所有者权益×100％

　　　　　＝（4 730－4 430）÷4 430×100％

　　　　　＝6.77％

如果资本积累率大于 0，则该指标越高表明企业的资本积累越高，应付风险、持续发展的能力越大；如果该指标值小于 0，表明企业资本受到侵蚀，所有者权益受到损害，此时应引起注意。

CHAPTER

FIFTEEN

第*15*章

会计报表综合分析

会计报表综合分析的方法很多，主要有杜邦财务分析体系和沃尔比重评分法等。

15.1 杜邦财务比率分析

杜邦财务比率分析，又称杜邦分析法，是一个以净资产收益率（所有者权益净利率）为龙头，以总资产报酬率和权益乘数为核心，重点揭示企业获利能力的完整的财务指标分析体系。因其最初由美国杜邦公司成功应用而得名。杜邦分析法的特点在于：它通过几种主要的财务比率之间的相互关系，全面、系统、直观地反映出企业的财务状况，从而大大节省了财务报表使用者的时间。

1. 杜邦分析法的分析原理

杜邦分析法的分析原理，净资产收益率如图 15-1 所示。

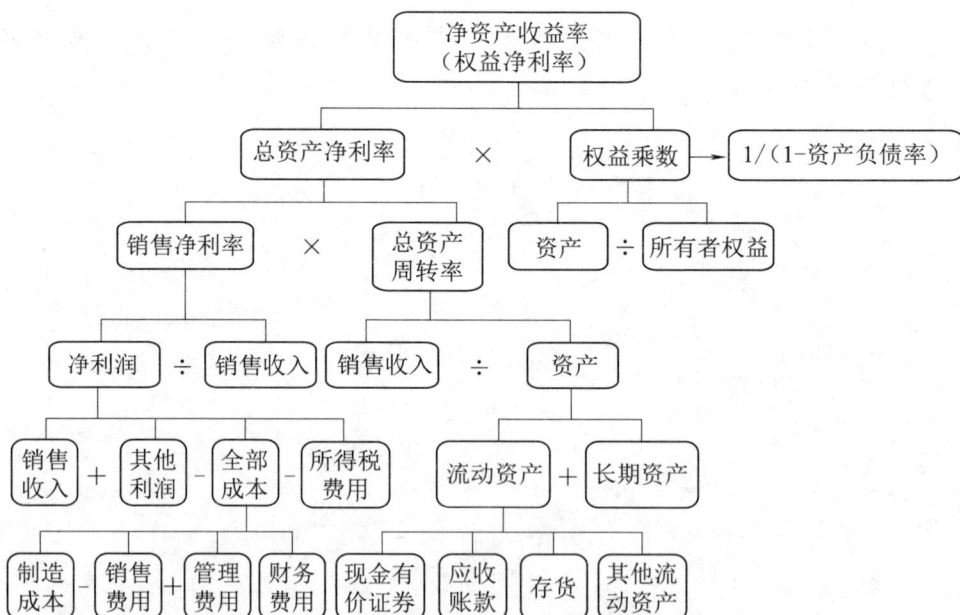

图 15-1　杜邦分析法原理图

在杜邦分析指标体系中，包含以下几种主要的指标关系：

净资产收益率（权益净利率）＝总资产净利率×权益乘数

其中：总资产净利率＝销售净利率×总资产周转率

所以，可以得出公式：

净资产收益率（权益净利率）＝销售净利率×总资产周转率×权益乘数

其中：

销售净利率＝净利润÷销售收入，是企业的销售收入对净利润的贡献程度；

总资产周转率＝销售收入÷资产总额，是反映运用资产以产生销售收入能力的指标；

权益乘数＝资产总额÷所有者权益＝资产总额÷（资产总额－负债总额）＝1÷（1－资产负债率）

权益乘数越大，企业的负债程度越高，能给企业带来较大的杠杆利益，同时也给企业带来较大的风险。

从核心公式中可以看出，决定所有者权益净利率高低的因素有三个方面：销售净利率、总资产周转率和权益乘数。它们分别代表了企业的盈利能力、营运能力和偿债能力。通过对这三个因素的进一步分解，可以把净资产收益率（权益净利率）这样一项综合性指标发生升、降变动的原因再具体化，分别考察和评价企业的盈利能力、营运能力和偿债能力，以及它们对企业目标利润影响程度。

通过杜邦财务比率分析体系自上而下，或自下而上地分析，不仅可以了解企业财务状况的全貌以及各项财务分析指标间的结构关系，而且还可以查明各项主要财务指标增减变动的影响因素及存在的问题。杜邦分析体系提供的上述财务信息，较好地解释了指标变动的原因和趋势，这为进一步采取具体措施指明了方向，同时还为决策者优化经营结构和理财结构，提高企业偿债能力和经营效益提供了基本思路，即提高净资产收益率的根本途径在于扩大销售、改善经营结构、节约成本费用开支、合理配置资源、加速资金周转、优化资本结构等。

在具体应用杜邦分析法时，应注意这一方法不是另外建立新的财务指标，它是一种对财务比率进行分解的方法。因此，它既可以通过所有者权益报酬率的分解来说明问题，也可通过分解其他财务指标（如总资产利润率）来说明问题。总之，杜邦分析法和其他财务分析方法一样，关键不在于指标的计算，而在于对指标的理解和运用。

杜邦分析法的使用也存在着不可避免的缺陷：即指标体系较为机械，只能是若干财务指标的集合。在应用杜邦财务分析体系时，应根据需要，结合实际情况，克服杜邦财务分析体系的机械性，可另外增加一些较为重要的财务指标，如流动比率、社会贡献率等。

2. 杜邦分析法实例

杜邦财务分析法可以解释指标变动的原因和变动趋势，以及为采取措施指明方向。

下面以一家上市的赛诺公司为例，说明杜邦分析法的运用。

【**例 15-1**】赛诺公司的基本财务数据，见表 15-1。

表 15-1   赛诺公司的基本财务数据

单位：万元

项目 年度	净利润	销售收入	平均资产总额	平均负债总额	全部成本	制造费用	销售费用	管理费用	财务费用
2016	221.90	6 224.89	4 321.28	3 168.65	5 075.53	3 248.90	546.78	823.65	456.20
2017	245.50	8 975.22	4 467.20	3 429.50	6 447.20	4 459.42	845.76	756.79	385.23

该公司 2016 至 2017 年财务比率见表 15-2。

表 15-2   赛诺公司的基本财务数据

单位：万元

年度	2016 年	2017 年
净资产收益率（权益净利率）	19.24%	23.65%
权益乘数	3.75	4.30
资产负债率	73.33%	76.77%
总资产净利率	5.13%	5.5%
销售净利率	3.56%	2.735%
总资产周转率	1.44	2.01

（1）对权益净利率的分析。

权益净利率指标是衡量企业利用资产获取利润能力的指标。权益净利率充分考虑了筹资方式对企业获利能力的影响，因此它所反映的获利能力是企业经营能力、财务决策和筹资方式等多种因素综合作用的结果。

该公司的权益净利率在 2016 年至 2017 年间出现了一定程度的好转，分别从 2016 年的 0.192 4 增加至 2017 年的 0.236 5。企业的投资者在很大程度上依据这个指标来判断是否投资或是否转让股份，考察经营者业绩和决定股利分配政策。这些指标对公司的管理者也至关重要。

公司经理们为改善财务决策而进行财务分析，他们可以将权益净利率分解为权益乘数和资产净利率，以找到问题产生的原因。

净资产收益率（权益净利率）＝权益乘数×总资产净利率

2016 年：19.24％＝3.75×0.0513

2017 年：23.65％＝4.30×0.055

通过分解可以明显地看出，该公司权益净利率的变动在于资本结构（权益乘数上升）变动和资产利用效果（资产净利率上升）变动两方面共同作用的结果。而该公司的资产净利率太低，显示出很差的资产利用效果。

（2）对总资产净利率的分析。

那么，我们继续对资产净利率进行分解：

总资产净利率＝销售净利率×总资产周转率

2016 年：5.13％＝3.56％×1.44

2017 年：5.5％＝2.735％×2.01

通过分解可以看出 2017 年的总资产周转率有所提高，说明资产的利用得到了比较好的控制，显示出比前一年较好的效果，表明该公司利用其总资产产生销售收入的效率在增加。总资产周转率提高的同时销售净利率的减少阻碍了资产净利率的增加，我们接着对销售净利率进行分解：

销售净利率＝净利润÷销售收入

2016 年　0.035 6＝221.90÷6 224.89

2017 年　0.027 35＝245.50÷8 975.22

该公司 2017 年大幅度提高了销售收入，但是净利润的提高幅度却很小，分析其原因是成本费用增多，从表一可知：全部成本从 2016 年 5 075.53 万元增加到 2017 年 6 447.20 万元，主要是制造成本和销售费用增加所致。下面是对全部成本进行的分解：

全部成本＝制造成本＋销售费用＋管理费用＋财务费用

2016 年：5 075.53＝3 248.90＋546.78＋823.65＋456.20

2017 年：6 447.20＝4 459.42＋845.76＋756.79＋385.23

（3）对权益乘数的分析。

权益乘数＝资产总额/权益总额

2016 年：3.75＝4 321.28/4 321.28－3 168.65

2017 年：4.30＝4 467.20/4 467.20－3 429.50

该企业上升的权益乘数，说明企业资本结构在 2016 年到 2017 年发生了变动。2017 年权益乘数较 2016 年有所增加。权益乘数越大，企业负债程序越高，偿还债务能力越弱，财务风险有所增加。管理者应该准确把握企业所处的环境，准确预测利润，合理控制负债带来的风险。

通过分解可以看出杜邦分析法有效的解释了指标变动的原因和趋势，为采取应对措施指明了方向。在本案例中，出现权益净利率上升的情况是主要由于资本结构变动的原因造成的。因为总成本的大幅度提高影响了净利润没有大幅度的提高，销售收入却有了较大的增加，从而就引起了销售净利率的减少，就出现该公司销售盈利能力的降低。所以，资产净利率的提高当归功于总资产周转率的提高，而销售净利率的减少却起到了阻碍的作用。

15.2　沃尔财务状况综合分析

沃尔分析法的先驱者之一亚历山大·沃尔在 20 世纪初出版的《信用晴雨表研究》和《财务报表比率分析》中首次比较完整地应用沃尔分析法对企业财务状况进行分析，以评价企业信用水平的高低。和杜邦分析法一样，随着时代巨变，沃尔分析法日益显示出它的局限性，但作为一种基本的财务指标评判方法，它的思想理念、思维方式在目前仍有借鉴作用，而且随着社会的发展，沃尔分析法也在不断发展完善之中。

1. 沃尔分析法的评判程序

沃尔分析法主要是将若干财务指标通过线性组合，形成综合性的分值来评判企业的信用水平，它在企业财务指标综合评判中的基本程序如图 15-2所示。

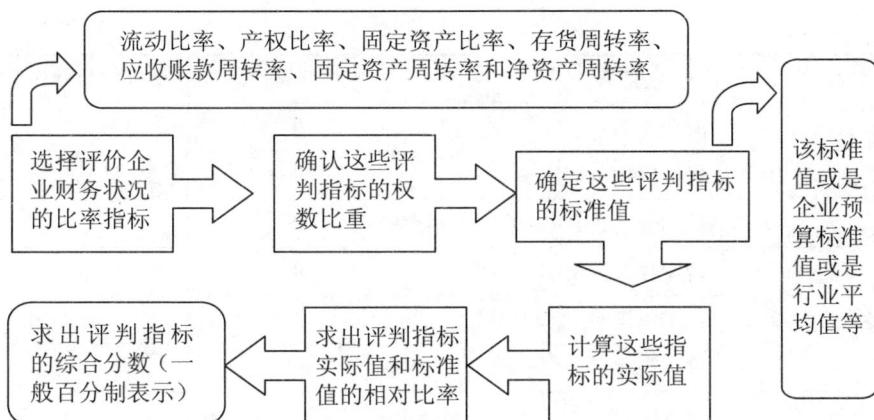

图 15-2　沃尔分析法的评判程序

2. 沃尔分析法的缺陷及修正

原始意义上的沃尔分析法存在两个缺陷：首先，表现在综合评分标准的确定过程中，无法证明每个指标所占的权数的合理性，因此有关指标的权数确定只有结合具体企业的情况以及该行业长期实践进行不断的修正，才能设置出较为合理的权数比重。根据沃尔分析法的原则要求，某企业根据自己的实际情况编制表 15-3 财务指标权数表，仅供参考。

表 15-3　　　　　　　　　　赛诺公司财务评判指标权数一览表

指标类别		指标属性	指标权数（评分值）
财务效益类指标	净资产收益率	正	30
	总资产报酬率	正	5
	营业收入利润率	正	5
	管理费用收入率	负	5
	销售费用收入率	负	5
资产营运类指标	总资产周转率（次数）	正	2
	流动资产周转率（次数）	正	2
	应收账款周转率（次数）	正	5
	不良资产比率	负	5
偿债能力类指标	资产负债率	负	8
	已获利息倍数	正	8

指标类别		指标属性	指标权数（评分值）
偿债能力类指标	流动比率	正	2
	现金流动负债比率	正	5
	长期资产适合率	正	3
发展能力类指标	营业收入增长率	正	4
	资本积累率	正	3
	三年利润平均增长率	正	3
合计			100

其次，原始意义上的沃尔分析法的缺陷还表现在沃尔分析法对公司财务状况实际评分时也遇到技术上的不合理，即个别指标的严重异常会对总体财务评分产生不合逻辑的重大影响。因此，在这里我们可以有针对性地对沃尔分析法进行改进，即对每个指标评分规定上限值和下限值，上限值定为正常评分值的 1.5 倍，下限值定为正常评分的 0.5 倍，而且给分不采取"乘"的关系，而采用"加"、"减"的关系处理。一般而言，如果下属单位正好完成预算指标，那么其理论得分为 100 分，超额完成预算，其理论得分在 100～150 之间，如果未能完成预算，则理论得分一般在 50～100 之间。但是如果像利润这样重大的指标是出现亏损，则该企业的实际得分很可能低于理论最低得分下限 50 分，在 0～50 分之间。

有了上述的规定程序和修正后，在第一步骤综合评分标准的确定过程中，我们实际上已完成比率指标选择和指标权数界定两项工作，下面就是该如何确定各个评判指标的标准值。财务指标的标准值确认有一个原则，即各标准值是该企业现时条件下的最理想的指标数值。企业可以根据自己经营管理需要、所属行业特点来确定财务指标的标准值，在实际工作中，我们可以用上一年度指标、行业平均指标、预算考核指标等作为财务指标的标准值。

3. 沃尔分析法的应用

沃尔分析法主要为资产所有者所采用，这是由于资产所有者（包括投资者和债权人）并不直接参与企业的经营管理，从某种意义上讲，他们只需要了解企业目前所处的状态及这种状态对他们的所有者权益保障程度，因此，这两个所有者均以选用沃尔分析法演变而成的综合评分体系为佳。

（1）投资者及其财务分析。

由于投资者是企业的所有者，所以更关心企业价值和成长性，而对企业偿债能力则只从企业的信誉和正常的营运角度给予考虑，其综合评分标准见表15-4。

表 15-4 综合评分标准

	指标	评分值	标准比率%	行业最高比率%	最高评分	最低评分	分差率%
盈利能力	净资产报酬率	20					
	销售现金比率	15					
	营运指数	15					
成长能力	销售增长率	5					
	净利润增长率	5					
	每股盈余增长率	5					
	人均净利增长率	5					
营运能力	总资产周转率	5					
	固定资产周转率	5					
	流动资产周转率	5					
偿债能力	产权比率	3					
	资产负债率	3					
	现金到期债务比	5					
	现金债务总额比	4					
	合计	100			150	50	

（2）债权人及财务分析。

对于债权人而言，由于他投出资金的目的在于取得一定期间的利息收入，其最关心的是其本金和利息的安全性，因此他并不关心企业的价值有多大及其成长性如何，其综合评分标准见表15-5。

表 15-5 综合评分标准

	指标	评分值	标准比率%	行业最高比率%	最高评分	最低评分	分差率%
盈利能力	总资产利润率	10					
	利息保障倍数	15					

	指标	评分值	标准比率%	行业最高比率%	最高评分	最低评分	分差率%
盈利能力	销售现金比率	15					
	营运指数	10					
偿债能力	有形产权比率	10					
	有形资产负债率	10					
	现金到期债务比	15					
	现金债务总额比	10					
	应收账款周转率	5					
	存货周转率	5					
	合计	105			150	50	

参 考 文 献

[1] 企业会计准则编审委员会．企业会计准则及应用指南实务详解［M］．北京：人民邮电出版社，2019.

[2] 宋明月．轻松合并财务报表：原理、过程与 Excel 实战［M］．北京：机械工业出版社，2019.

[3] 平准．财务报表编制与分析［M］．北京：人民邮电出版社，2019.

[4] 财政部会计司．企业会计准则第 14 号——收入应用指南 2018［M］．北京：中国财政经济出版社，2018.

[5] 曾勤，张程程．会计科目设置与应用大全书［M］．北京：人民邮电出版社，2018.

[6] 企业会计准则应用指南（2018 年版）［M］．中华人民共和国财政部．北京，立信出版社，2018.

[7] 邱银春．新手学会计［M］．北京：清华大学出版社，2018.

[8] 马泽方．企业所得税实务与风险防控［M］．2 版．北京：中国市场出版社，2018.

[9] 中国注册会计师协会．会计 CPA［M］．北京：中国财政经济出版社，2018.

[10] 国家税务总局教材编写组．企业所得税汇算清缴实务［M］．北京：中国税务出版社，2016.

[11] 中华人民共和国财政部．企业会计准则（2018 版）［M］．北京：经济科学出版，2017.